항공 기초일본어

류정선 저

머 리 말

　본 교재『항공 기초일본어』는 일본어 학습을 처음으로 시작하고, 항공관련 서비스업을 희망하고자 하는 학습자들을 대상으로, 항공 기초일본어를 구사할 수 있도록 하는 것을 목표로 한다.

　본 교재는 추후 연계 교육과정인 항공객실 일본어 학습의 기초가 되는 내용으로, 효율적인 항공객실 일본어 학습을 위해 기존의 기초일본어 교재와는 달리 히라가나와 가타카나를 배우는 입문부터 항공관련 어휘를 통해 학습하도록 다음과 같이 구성하였다.

① 항공관련 어휘와 기초문형을 중심으로 이해하기 쉽게 항공 기초일본어를 구사할 수 있도록 구성하였다.
② 각 과의 학습은 어휘와 본문 회화 1, 회화 2, 그리고 문형익히기와 연습문제를 통해 좀 더 능숙하고 정확한 항공 관련 일본어를 구사할 수 있도록 하였다.
③ 항공관련 회화 학습내용은 필수 기초문법과 문형을 자연스럽게 익힐 수 있도록 하여, 일상적인 일본어회화에 있어서도 어려움 없이 일본어 표현이 가능하도록 하였다. 또한 다양한 문형익히기와 연습문제를 통해 표현력이 향상될 수 있도록 구성하였다.

　본 교재를 통해 항공관련 서비스업을 희망하고자 하는 학습자들이 일본어 학습의 첫 걸음에 있어 도움이 되었으면 한다.

　마지막으로 본 교재를 출판함에 있어, 여러 가지로 애써주신 제이앤씨 관계자 분들을 비롯하여, 수업을 같이 하며 항공 기초일본어 교육에 있어 많은 의견을 주신 한국외국어대학교의 김병숙 선생님, 감수를 해 주신 인하공업전문대학의 고바야시 타카코(小林崇子) 교수님, 그리고 항공관련 일본어 교재 출판에 있어 조언을 해 주신 항공경영과 김영심 교수님께 감사의 말씀을 전한다.

목 차

1과 **일본어 문자와 발음(1)** 7
히라가나·가타카나
청음

2과 **일본어 문자와 발음(2)** 17
탁음·반탁음·요음
촉음·장음·발음

3과 はじめまして。 29
처음 뵙겠습니다.

4과 これは 何ですか。 37
이것은 무엇입니까?

5과 あなたは 日本人ですか。 47
당신은 일본인입니까?

6과 これは あなたの 航空券ですか。 55
이것은 당신의 항공권입니까?

7과 この 飛行機の 出発は 何時何分ですか。 65
이 비행기의 출발은 몇 시 몇 분입니까?

8과 韓国の 夏も 暑いですね。 75
한국의 여름도 덥군요

9과	空港から ホテルまで 交通は 便利ですか。 공항에서 호텔까지 교통은 편리합니까?	87
10과	鈴木さんは 免税店に います。 스즈키씨는 면세점에 있습니다.	99
11과	いらっしゃいませ。何名様ですか。 어서 오십시오. 몇 분이십니까?	107
12과	韓国での 滞在は いつから いつまでですか。 한국에서의 체재는 언제부터 언제까지입니까?	117
13과	これは おいくらですか。 이것은 얼마입니까?	127
14과	空港から 新宿まで 何で 行きますか。 공항에서 신주쿠까지 무엇으로 갑니까?	137
15과	韓国で 何が したいですか。 한국에서 무엇을 하고 싶습니까?	149

부록	1. 본문해석	160
	2. 연습문제 풀이	166

항공 기초일본어

1과

일본어 문자와 발음(1)
히라가나·가타카나
청음

五十音図

あ ア [a]	い イ [i]	う ウ [u]	え エ [e]	お オ [o]
か カ [ka]	き キ [ki]	く ク [ku]	け ケ [ke]	こ コ [ko]
さ サ [sa]	し シ [shi]	す ス [su]	せ セ [se]	そ ソ [so]
た タ [ta]	ち チ [chi]	つ ツ [tsu]	て テ [te]	と ト [to]
な ナ [na]	に ニ [ni]	ぬ ヌ [nu]	ね ネ [ne]	の ノ [no]
は ハ [ha]	ひ ヒ [hi]	ふ フ [hu]	へ ヘ [he]	ほ ホ [ho]
ま マ [ma]	み ミ [mi]	む ム [mu]	め メ [me]	も モ [mo]
や ヤ [ya]		ゆ ユ [yu]		よ ヨ [yo]
ら ラ [ra]	り リ [ri]	る ル [ru]	れ レ [re]	ろ ロ [ro]
わ ワ [wa]				を ヲ [wo]
ん ン [N]				

청음

あ행

あ ア [a]	い イ [i]	う ウ [u]	え エ [e]	お オ [o]

あい 사랑

いえ 집

うえ 위

え 그림

あお 파랑

か행

か カ [ka]	き キ [ki]	く ク [ku]	け ケ [ke]	こ コ [ko]

かお 얼굴

かき 감

きく 국화

いけ 연못

こ 아이

さ행

さ サ [sa]	し シ [shi]	す ス [su]	せ セ [se]	そ ソ [so]
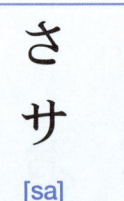	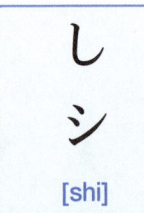	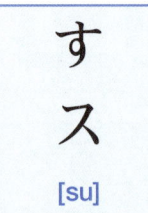	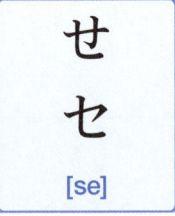	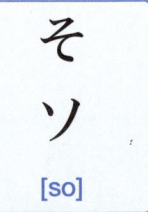
かさ 우산	いし 돌	すし 초밥	せかい 세계	そうこ 창고

た행

た タ [ta]	ち チ [chi]	つ ツ [tsu]	て テ [te]	と ト [to]

たこ 문어	ちち 아버지	つくえ 책상	て 손	とけい 시계

な행

な ナ [na]	に ニ [ni]	ぬ ヌ [nu]	ね ネ [ne]	の ノ [no]

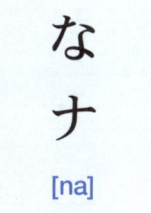 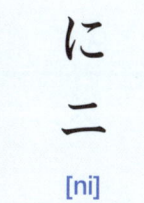  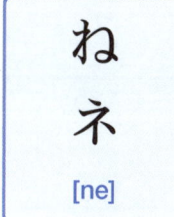 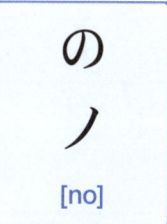

なか 안　　にく 고기　　いぬ 개　　ねこ 고양이　　のり 김

は행

は ハ [ha]	ひ ヒ [hi]	ふ フ [hu]	へ ヘ [he]	ほ ホ [ho]

  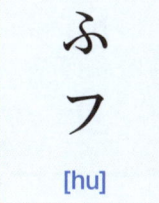 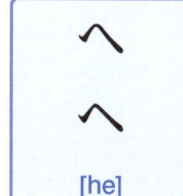 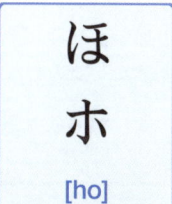

はな 꽃　　ひこうき 비행기　　ふね 배　　へそ 배꼽　　ほし 별

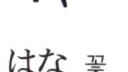  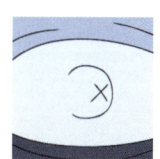 

제1과　일본어 문자와 발음(1)

ま행

| ま
マ
[ma] | み
ミ
[mi] | む
ム
[mu] | め
メ
[me] | も
モ
[mo] |

    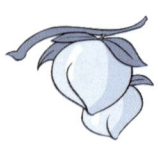

うま 말　　みみ 귀　　むすこ 아들　　め 눈　　もも 복숭아

や행

| や
ヤ
[ya] | ゆ
ユ
[yu] | よ
ヨ
[yo] |

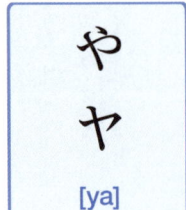 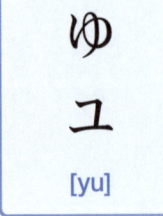 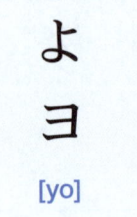

やま 산　　ゆき 눈　　よこ 옆

ら행

ら ラ [ra]	り リ [ri]	る ル [ru]	れ レ [re]	ろ ロ [ro]
		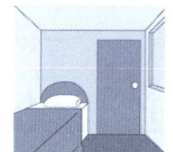		
そら 하늘	りす 다람쥐	るす 부재중	あれ 저것	くろ 검정

わ행

わ ワ [wa]	を ヲ [o]	ん ン [N]

わたし 나	ほんを よむ 책을 읽다	ほん 책

☞ **모양이 비슷한 글자에 주의합시다!**

히라가나

あ お	い り	ぬ め
は ほ	ま も	る ろ
き さ ち		ね れ わ

가타카나

| コ ユ | ソ ン | チ テ |
| ヨ ヲ | シ ツ ミ | |

연습하기

1 히라가나

[a]	[i]	[u]	[e]	[o]
[ka]	[ki]	[ku]	[ke]	[ko]
[sa]	[shi]	[su]	[se]	[so]
[ta]	[chi]	[tsu]	[te]	[to]
[na]	[ni]	[nu]	[ne]	[no]
[ha]	[hi]	[hu]	[he]	[ho]
[ma]	[mi]	[mu]	[me]	[mo]
[ya]		[yu]		[yo]
[ra]	[ri]	[ru]	[re]	[ro]
[wa]				[wo]
[N]				

2 가타카나

[a]	[i]	[u]	[e]	[o]
[ka]	[ki]	[ku]	[ke]	[ko]
[sa]	[shi]	[su]	[se]	[so]
[ta]	[chi]	[tsu]	[te]	[to]
[na]	[ni]	[nu]	[ne]	[no]
[ha]	[hi]	[hu]	[he]	[ho]
[ma]	[mi]	[mu]	[me]	[mo]
[ya]		[yu]		[yo]
[ra]	[ri]	[ru]	[re]	[ro]
[wa]				[wo]
[N]				

2과

일본어 문자와 발음(2)
탁음·반탁음·요음
촉음·장음·발음

탁음

が행

が ガ [ga]	ぎ ギ [gi]	ぐ グ [gu]	げ ゲ [ge]	ご ゴ [go]

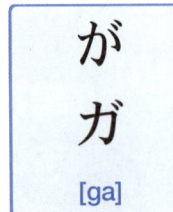 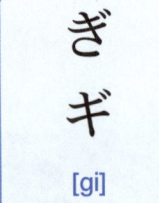 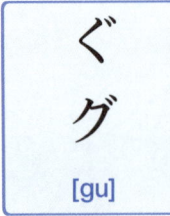 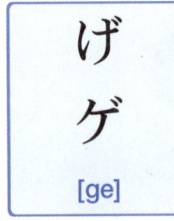 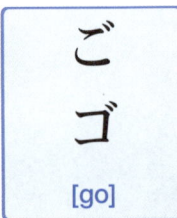

がくせい 학생　　ぎんこう 은행　　いそぐ 서두르다　　げんき 건강　　ごご 오후

ざ행

ざ ザ [za]	じ ジ [zi]	ず ズ [zu]	ぜ ゼ [ze]	ぞ ゾ [zo]

 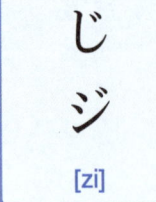 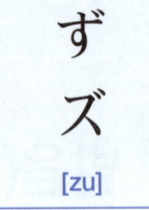 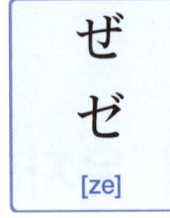 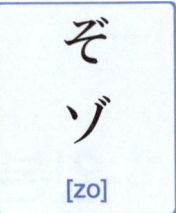

ぎんざ 긴자　　しじ 지시　　みず 물　　かぜ 바람　　ぞう 코끼리

だ행

だ ダ [da]	ぢ ヂ [zi]	づ ヅ [zu]	で デ [de]	ど ド [do]

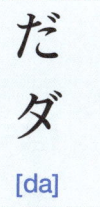 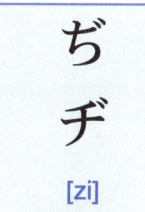 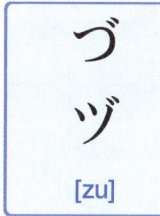 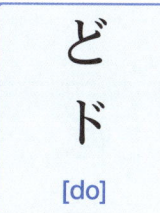

だれ 누구　　はなぢ 코피　　こづつみ 소포　　でんわ 전화　　まど 창문

ば행

ば バ [ba]	び ビ [bi]	ぶ ブ [bu]	べ ベ [be]	ぼ ボ [bo]

そば 메밀국수　　えび 새우　　ぶどう 포도　　べんとう 도시락　　そぼ 조모

반탁음

ぱ행

| ぱ パ [pa] | ぴ ピ [pi] | ぷ プ [pu] | ぺ ペ [pe] | ぽ ポ [po] |

せんぱい 선배　　ぴかぴか 반짝반짝　　おんぷ 음표　　ぺこぺこ 굽실굽실, 배고픔　　さんぽ 산책

요음

| きゃ キャ [kya] | きゅ キュ [kyu] | きょ キョ [kyo] |

ぎゃ ギャ [gya]	ぎゅ ギュ [gyu]	ぎょ ギョ [gyo]
しゃ シャ [sya]	しゅ シュ [syu]	しょ ショ [syo]
じゃ ジャ [zya]	じゅ ジュ [zyu]	じょ ジョ [zyo]
ちゃ チャ [cha]	ちゅ チュ [chu]	ちょ チョ [cho]
ぢゃ ヂャ [zya]	ぢゅ ヂュ [zyu]	ぢょ ヂョ [zyo]

にゃ ニャ [nya]	にゅ ニュ [nyu]	にょ ニョ [nyo]
ひゃ ヒャ [hya]	ひゅ ヒュ [hyu]	ひょ ヒョ [hyo]
びゃ ビャ [bya]	びゅ ビュ [byu]	びょ ビョ [byo]
ぴゃ ピャ [pya]	ぴゅ ピュ [pyu]	ぴょ ピョ [pyo]
みゃ ミャ [mya]	みゅ ミュ [myu]	みょ ミョ [myo]

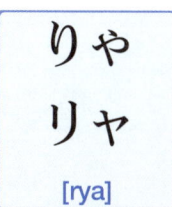
[rya]

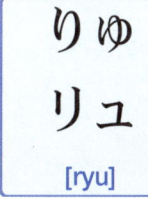
[ryu]

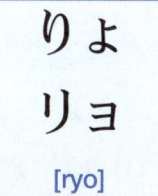
[ryo]

きゃく 손님

ぎゅうにゅう 우유

きょうしつ 교실

おちゃ 녹차

やきゅう 야구

しょくじ 식사

しゃしん 사진

りゅうがく 유학

りょうり 요리

촉음

(1) [k] - か행 앞

がっこう[gakkou]　학교　　けっこう[kekkou]　충분함

(2) [s] - さ행 앞

ざっし[zassi]　잡지　　いっさい[issai]　모두

(3) [t] - た행 앞

きって[kitte]　우표　　いったい[ittai]　도대체

(4) [p] - ぱ행 앞

いっぱい[ippai]　한잔, 가득　　きっぷ[kippu]　표

장음

(1) a + a　[a:]

おばあさん　할머니　　おかあさん　어머니

(2) i + i　[i:]

おじいさん　할아버지　　おにいさん　형, 오빠

(3) u + u　[u:]

くうき　공기　　ゆうき　용기

(4) e + e　　[e:]
　　e + i　　[e:]

　　おねえさん　　누나, 언니　　　えいが　　　　영화

(5) o + o　　[o:]
　　o + u　　[o:]

　　とおい　　　　멀다　　　　　きょうりゅう　　공룡

(1) [m] – ま・ば・ぱ행 앞

　　さんま　　　　꽁치　　　　　こんばんは　　안녕하세요(밤인사)
　　かんぱい　　　건배　　　　　えんぴつ　　　연필

(2) [n] – ざ・た・だ・な・ら행 앞

　　ぎんざ　　　　긴자　　　　　はんたい　　　반대
　　あんない　　　안내　　　　　べんり　　　　편리

(3) [ŋ] – か・が행 앞

　　かんこく　　　한국　　　　　おんがく　　　음악

(4) [N] – あ・は・や・わ・さ행 앞, 단어의 끝

　　でんわ　　　　전화　　　　　せんせい　　　선생님
　　ほん　　　　　책　　　　　　おでん　　　　어묵

연습하기

1 단어를 읽고 써보세요. – 히라가나

くうこう(空港) 공항

こうくう(航空) 항공

ひこうき(飛行機) 비행기

じょうむいん(乗務員) 승무원

おきゃくさま(お客様) 손님

きない(機内) 기내

あんない(案内) 안내

にゅうこく(入国) 입국

しゅっこく(出国) 출국

りりく(離陸) 이륙

ちゃくりく(着陸) 착륙

ひじょうぐち(非常口) 비상구

とうじょうけん(搭乗券) 탑승권

2 단어를 읽고 써보세요. – 가타카나

ビザ   비자

ホテル   호텔

サービス   서비스

パスポート   여권

キャビンアテンダント   승무원

フランス   프랑스

イギリス   영국

ロシア   러시아

アメリカ   미국

オランダ   네덜란드

シンガポール   싱가폴

3과

はじめまして。
처음 뵙겠습니다.

회화 1

기본인사

おはようございます。

こんにちは。

こんばんは。

잠잘 때

おやすみなさい。

헤어질 때

では、また。

さようなら。

감사할 때

ありがとうございます。

どういたしまして。

사과할 때

ごめんなさい。

すみません。

もうしわけございません。

외출할 때

いってきます。

いっていらっしゃい。

귀가할 때

ただいま。

おかえりなさい。

식사할 때

いただきます。

ごちそうさまでした。

회화 2

처음 만났을 때

李　　はじめまして。

　　　私(わたし)は　李(イ)です。

　　　どうぞ　よろしく　お願(ねが)いします。

山田(やまだ)　はじめまして。

　　　私(わたし)は　山田(やまだ)と　申(もう)します。

　　　こちらこそ　よろしく　お願(ねが)いします。

어휘			
はじめまして	처음뵙겠습니다.	わたし	저, 나
-です	입니다	どうぞ	부디
よろしく	잘	お願(ねが)いします	부탁합니다
こちら	이쪽	こそ	―말로
ー と 申(もう)します	라고 합니다		

第3과　**はじめまして。** 33

연습하기

1 알맞은 문장끼리 선을 이어 보세요.

안녕히 주무세요.　●　　　●　いっていらっしゃい。

다녀 오겠습니다.　●　　　●　ただいま。

다녀 오세요.　●　　　●　おかえりなさい。

다녀 왔습니다.　●　　　●　ごちそうさまでした。

어서 오세요.　●　　　●　いってきます。

잘 먹겠습니다.　●　　　●　いただきます。

잘 먹었습니다.　●　　　●　おやすみなさい。

2 예와 같이 바꿔 보세요.

> 山田 ： はじめまして。山田です。
> 　　　　どうぞ　よろしく　お願いします。
> 李 ： はじめまして。李です。
> 　　　こちらこそ　よろしく　お願いします。

① 金　　田中

➡ _____。

_____。

34　항공 기초일본어

② 伊藤　安部
➡ _____ 。
　_____ 。

③ 朴　鈴木
➡ _____ 。
　_____ 。

④ 林　山田
➡ _____ 。
　_____ 。

말하고 써보기

일본어로 말하고 써보세요.

① 안녕하세요. (아침, 점심, 저녁)

➡ _____

② 너무 죄송합니다. (서비스 표현)

➡ _____

③ 감사합니다 / 천만에요.

➡ _____

④ 처음 뵙겠습니다.

➡ _____

⑤ 이쪽이야말로 잘 부탁드립니다.

➡ _____

자기소개 해보세요.

➡ _____

_____

_____

_____

これは 何ですか。
이것은 무엇입니까?

 회화 1

李 これは 何_{なん}ですか。

山田_{やまだ} それは 新聞_{しんぶん}です。

李 これも 新聞_{しんぶん}ですか。

山田_{やまだ} いいえ、それは 雑誌_{ざっし}です。

어휘			
これ	이것	それ	그것
－は	－은/는	－も	－도
何(なん)	무엇	新聞(しんぶん)	신문
－です	－입니다	－ですか	－입니까
いいえ	아니오	雑誌(ざっし)	잡지

イ   これは 何^{なん}ですか。

山田^{やまだ}   それは パスポートです。

イ   これも パスポートですか。

山田^{やまだ}   いいえ、それは 搭乗券^{とうじょうけん}です。

| 어휘 | パスポート | 여권 | 搭乗券(とうじょうけん) | 탑승권 |

문형익히기

명사는 명사です −은/는 −입니다

명사 뒤에 「です」를 붙여서 공손하게 표현한다.

　　　私は　大学生です。

　　　山田さんは　先生です。

인칭대명사

1인칭	2인칭	3인칭
私 僕 おれ	あなた 君 お前 (이름)さん (이름)さま	彼・彼女 (이름)さん (이름)さま

일본인의 이름을 부를 때에는 성씨 뒤에 「さん」을 붙이는 것이 일반적이다.
손님을 응대하는 상황에서는 「さま」를 붙여서 정중도를 높여 표현한다.
친근한 관계에서는 「ちゃん」을 붙인다.

こ・そ・あ・ど 이・그・저・어느

こ　자신과 가까운 것을 가리킬 때
そ　상대방과 가까운 것을 가리킬 때
あ　자신과 상대방 모두에게 거리가 있는 것을 가리킬 때
ど　지시 대상에 대해 물을 때

これは 雑誌です。

それは 本です。

あれは 搭乗券です。

航空券は どれですか。

	사물	장소	방향	명사수식(1)	명사수식(2)
こ	これ	ここ	こちら	この	こんな
そ	それ	そこ	そちら	その	そんな
あ	あれ	あそこ	あちら	あの	あんな
ど	どれ	どこ	どちら	どの	どんな

명사는 명사입니까　　　　　　　　　　－은/는 －입니까

「か」를 붙여서 의문을 표현한다.

　　金さんは 客室乗務員ですか。
　　山田さんは 会社員ですか。

명사도　　　　　　　　　　－도

「も」를 붙여서 첨가의 뜻을 나타낸다.

　　田中さんも 大学生です。
　　あれも 新聞ですか。

私(わたし)	나	大学生(だいがくせい)	대학생
先生(せんせい)	선생님	本(ほん)	책
航空券(こうくうけん)	항공권	客室乗務員(きゃくしつじょうむいん)	객실승무원
会社員(かいしゃいん)	회사원		

단어쓰기

1 다음 한자를 히라가나로 쓰세요.

① 何　　　➡ _____

② 雑誌　　➡ _____

③ 新聞　　➡ _____

④ 搭乗券　➡ _____

2 다음 단어를 일본어로 쓰세요.

① 나, 저　　　➡ _____

② 어느 것　　➡ _____

③ 대학생　　　➡ _____

④ 회사원　　　➡ _____

⑤ 선생님　　　➡ _____

⑥ 여권　　　　➡ _____

⑦ 객실승무원　➡ _____

⑧ 항공권　　　➡ _____

연습하기

1 예와 같이 바꿔 보세요.

예
これ・何(なん)　➡　これは　何(なん)ですか。

① お名前(なまえ)・何(なん)　➡ _____。

② 趣味(しゅみ)・何(なん)　➡ _____。

③ お仕事(しごと)・何(なん)　➡ _____。

④ 専攻(せんこう)・何(なん)　➡ _____。

2 예와 같이 바꿔 보세요.

예
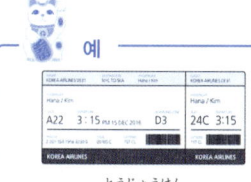
搭乗券(とうじょうけん)

A : これは　何(なん)ですか。
B : それは　搭乗券(とうじょうけん)です。

①
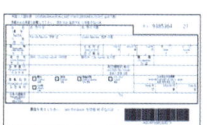
入国(にゅうこく)カード

A : これは　何(なん)ですか
B : _____。

②
お水(みず)

A : それは 何(なん)ですか

B : _____。

③
お茶(ちゃ)

A : あれは 何(なん)ですか

B : _____。

④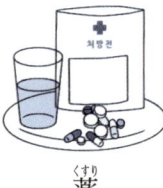
薬(くすり)

A : それは 何(なん)ですか

B : _____。

어휘			
お名前(なまえ)	성함	お仕事(しごと)	하는 일
入国(にゅうこく)カード	입국카드	趣味(しゅみ)	취미
専攻(せんこう)	전공	お水(みず)	물
お茶(ちゃ)	차	薬(くすり)	약

말하고 써보기

 일본어로 말하고 써보세요.

① 이것은 무엇입니까?

　➡ _____

② 그것은 여권입니다.

　➡ _____

③ 이것도 탑승권입니까?

　➡ _____

④ 아니오, 그것은 신문입니다.

　➡ _____

⑤ 저것은 잡지입니까?

　➡ _____

5과

あなたは 日本人ですか。
당신은 일본인입니까?

회화 1

イ　　あなたは　日本人ですか。

山田　　はい、そうです。

　　　　李さんは、中国人ですか。

イ　　いいえ、わたしは　中国人ではありません。

　　　　韓国人です。

어휘			
あなた	당신	日本人(にほんじん)	일본인
そうです	그렇습니다	中国人(ちゅうごくじん)	중국인
-ではありません	-이/가 아닙니다	韓国人(かんこくじん)	한국인

山田 　李さん、お国は　どちらですか。

李 　　韓国です。

山田 　そうですか。会社員ですか。

李 　　いいえ、私は　会社員ではありません。

　　　　乗務員です。

어휘			
お国(くに)	나라, 고향	どちら	어디, 어느 쪽
韓国(かんこく)	한국	そうですか	그렇습니까
会社員(かいしゃいん)	회사원	乗務員(じょうむいん)	승무원

제5과　あなたは　日本人ですか。 49

문형익히기

명사は 명사ではありません   –는 –가 아닙니다

명사 뒤에「です」의 부정형인「ではありません」을 붙여서 공손하게 표현한다.
「ではありません」은「じゃないです」와 같은 표현이다.

　　　私(わたし)は　中国人(ちゅうごくじん)ではありません。

　　　それは　雑誌(ざっし)ではありません。
　= それは　雑誌じゃありません。
　= それは　雑誌じゃないです。

–は どちらですか   –는 어느 쪽(어디)입니까?

국적, 거주지를 물어볼 때 또는 장소나 방향을 물어볼 때 사용하는 표현이다.

　　　お国(くに)は　　　どちらですか。
　　　お住(す)まいは　　どちらですか。
　　　ゲートは　　　　　どちらですか。
　　　トイレは　　　　　どちらですか。

어휘			
お住(す)まい	사는 곳	ゲート	게이트
トイレ	화장실		

단어쓰기

1 다음 한자를 히라가나로 쓰세요.

① 韓国人 ➡ _____

② 会社員 ➡ _____

③ お国 ➡ _____

④ 日本人 ➡ _____

2 다음 단어를 일본어로 쓰세요.

① 당신 ➡ _____

② 어느 쪽, 어디 ➡ _____

③ 사는 곳 ➡ _____

④ 중국인 ➡ _____

⑤ 승무원 ➡ _____

⑥ 화장실 ➡ _____

연습하기

1 예와 같이 바꿔 보세요.

예
A : それは　パスポートですか。
B : はい、これは　パスポートです。
　　いいえ、これは　パスポートではありません。

① A : あなたは　アメリカ人ですか。

B : はい、_____。

　　いいえ、_____。

② A : 山田さんは　乗務員ですか。

B : はい、_____。

　　いいえ、_____。

③ A : ここは　羽田空港ですか。

B : はい、_____。

　　いいえ、_____。

④ A : 山田さんは　大学生ですか。

B : はい、_____。

　　いいえ、_____。

2 예와 같이 바꿔 보세요.

  예

本(ほん)(X)　雑誌(ざっし)(O)

A： これは　本(ほん)ですか。
B： いいえ、それは　本(ほん)ではありません。
　　雑誌(ざっし)です。

①

パスポート(X)　搭乗券(とうじょうけん)(O)

A： これは　パスポートですか
B： _____。
　　_____。

②

ペン(X)　鉛筆(えんぴつ)(O)

A： それは　ペンですか
B： _____。
　　_____。

③

コーヒー(X)　紅茶(こうちゃ)(O)

A： あれは　コーヒーですか
B： _____。
　　_____。

④

入国(にゅうこく)カード(X)　航空券(こうくうけん)(O)

A： あれは　入国(にゅうこく)カードですか
B： _____。
　　_____。

어휘			
アメリカ人(じん)	미국인	ここ	이곳
羽田空港(はねだくうこう)	하네다 공항	大学生(だいがくせい)	대학생
本(ほん)	책	ペン	펜
鉛筆(えんぴつ)	연필	紅茶(こうちゃ)	홍차
コーヒー	커피	入国(にゅうこく)カード	입국카드

말하고 써보기

 일본어로 말하고 써보세요.

① 당신은 일본인입니까?

　▶ _____

② 저는 일본인이 아닙니다. 한국인입니다

　▶ _____

③ 고향은 어디입니까? (어느 나라 분입니까?)

　▶ _____

④ 저는 승무원입니다.

　▶ _____

⑤ 야마다 씨는 회사원이 아닙니다. 승무원입니다.

　▶ _____

6과

これは あなたの 航空券ですか。
이것은 당신의 항공권입니까?

会話 1

李　　これは　誰の　航空券ですか。

山田　それは　私の　航空券です。

李　　これも　山田さんの　入国カードですか。

山田　いいえ、そうではありません。

어휘			
誰(だれ)	누구	航空券(こうくうけん)	항공권
入国(にゅうこく)カード	입국카드	そうではありません	그렇지 않습니다

李 　失礼ですが、お客さまは 日本の方ですか。

王 　いいえ、私は 日本人ではありません。
　　中国人です。

李 　これは お客さまの お荷物ですか。

王 　いいえ、そうではありません。

李 　これは 誰のですか。

王 　それは 山田さんのです。

어휘			
失礼(しつれい)ですが	실례합니다만	お客(きゃく)さま	손님
−方(かた)	분	中国人(ちゅうごくじん)	중국인
荷物(にもつ)	짐	−のです	−것 입니다

제6과　これは あなたの 航空券ですか。　57

문형익히기

조사 の　　　　　　　　　　　　　　-의, -의 것

명사와 명사 사이에 조사「の」를 넣어 연결한다. 의미상 아래와 같이 나눌 수 있다.

　　これは　私の　荷物です。　　　　　　소유

　　山田さんは　私の　友達です。　　　　내용

　　私は　韓国大学の　学生です。　　　　소속

　　これは　日本の　ビールです。　　　　출처

　　乗務員の　山田さんです。　　　　　　동격

　　(私のです) - 나의 것 입니다.

　* 비교　　　東京の大学　　　　東京大学
　　　　　　(동경에 있는 대학)　(동경대학)

의문사

무엇	누구	어느 것	어디	어느 쪽 어디
何	誰	どれ	どこ	どちら

　　あれは　何ですか。

　　彼は　誰ですか。

　　わたしの　コップは　どれですか。

トイレは どこですか。

新宿駅(しんじゅくえき)は どちらですか。

일본문화 알아두기 일본의 지리

면적: 37만 7873 ㎢

홋카이도(北海道), 혼슈(本州), 시코쿠(四国), 규슈(九州)의 4개의 큰 섬과 6,850여개의 작은 섬으로 이루어져 있다.

행정구역: 1道(北海道) 1都(東京都) 2府(京都府、大阪府) 43県

인구: 약 1억 2천 5백만 명

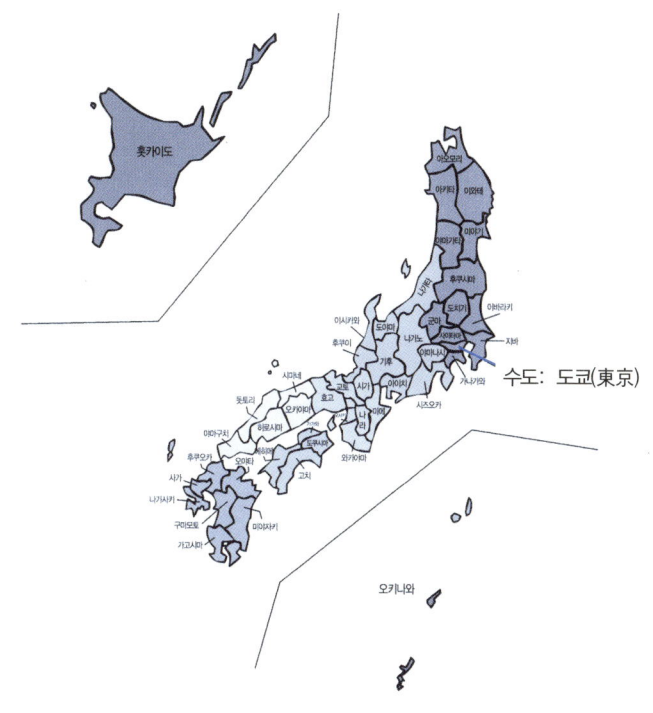

수도: 도쿄(東京)

어휘			
友達(ともだち)	친구	大学(だいがく)	대학
ビール	맥주	東京(とうきょう)	도쿄
彼(かれ)	그(그 남자)	コップ	컵
トイレ	화장실	新宿駅(しんじゅくえき)	신주쿠 역

제6과 **これは あなたの 航空券ですか。**

단어쓰기

1 다음 한자를 히라가나로 쓰세요.

① 航空券　　➡ _____

② 失礼　　　➡ _____

③ 荷物　　　➡ _____

④ 誰　　　　➡ _____

2 다음 단어를 일본어로 쓰세요.

① 손님　　　➡ _____

② 대학　　　➡ _____

③ 친구　　　➡ _____

④ 일본 분　 ➡ _____

⑤ 화장실　　➡ _____

⑥ 입국카드　➡ _____

연습하기

1 예와 같이 바꿔 보세요.

> 예
>
>  これ・韓国語(かんこくご)・本(ほん)
>
> ➡ これは 韓国語の 本です。

①  これ・日本(にほん)・新聞(しんぶん)

➡ _____。

②  スミスさん・アメリカ・方(かた)

➡ _____。

③  伊藤(いとう)さん・私(わたし)・先輩(せんぱい)

➡ _____。

④ 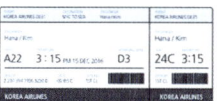 これ・私(わたし)・搭乗券(とうじょうけん)

➡ _____。

제6과 **これは あなたの 航空券ですか。**

2 예와 같이 바꿔 보세요.

> 예
> A : これは 誰の 車ですか。 (山田さん)
> B : それは 山田さんのです。

① A : これは 誰の 入国カードですか。　　(先生)

　　B : _____。

② A : あれは 誰の お荷物ですか。　　(伊藤さん)

　　B : _____。

③ A : それは 誰の かばんですか。　　(私)

　　B : _____。

④ A : これは 誰の パスポートですか。　　(朴さん)

　　B : _____。

어휘			
韓国語(かんこくご)	한국어	スミス	스미스
アメリカ	미국	先輩(せんぱい)	선배
車(くるま)	차	かばん	가방

말하고 써보기

 일본어로 말하고 써보세요.

① 이것은 누구의 것입니까?

➡ _____

② 당신의 항공권입니까?

➡ _____

③ 아니오, 그렇지 않습니다. 그것은 야마다 씨의 것입니다

➡ _____

④ 저것은 이○○ 씨의 입국카드입니다.

➡ _____

⑤ 이것은 손님의 짐입니까?

➡ _____

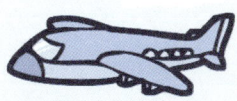

この 飛行機の 出発は 何時何分ですか。

이 비행기의 출발은 몇 시 몇 분입니까?

7과

<ruby>お客<rt>きゃく</rt></ruby>　この<ruby>飛行機<rt>ひこうき</rt></ruby>は　<ruby>大韓航空<rt>だいかんこうくう</rt></ruby>ですか。

<ruby>乗務員<rt>じょうむいん</rt></ruby>　いいえ、その<ruby>飛行機<rt>ひこうき</rt></ruby>は　<ruby>日本航空<rt>にほんこうくう</rt></ruby>です。

<ruby>お客<rt>きゃく</rt></ruby>　<ruby>失礼<rt>しつれい</rt></ruby>ですが、この<ruby>飛行機<rt>ひこうき</rt></ruby>は　ソウル<ruby>行<rt>ゆき</rt></ruby>ですか。

<ruby>乗務員<rt>じょうむいん</rt></ruby>　いいえ、その<ruby>飛行機<rt>ひこうき</rt></ruby>は　<ruby>東京行<rt>とうきょうゆき</rt></ruby>です。

어휘			
この	이	その	그
飛行機(ひこうき)	비행기	大韓航空(だいかんこうくう)	대한항공
日本航空(にほんこうくう)	일본항공	ソウル行(ゆき)	서울행
東京行(とうきょうゆき)	도쿄행		

お客　　　この飛行機の　出発は　何時何分ですか。

乗務員　　午後　7時　30分の　出発です。

お客　　　成田空港には　何時何分の　到着ですか。

乗務員　　9時　50分の　予定です。

어휘			
出発(しゅっぱつ)	출발	何時(なんじ)	몇 시
何分(なんぷん)	몇 분	午後(ごご)	오후
成田空港(なりたくうこう)	나리타 공항	到着(とうちゃく)	도착
予定(よてい)	예정		

문형익히기

－ですが　　　　　　　－이지만, 입니다만, 인데요

「です」+「が」의 형태로, 말끝을 흐리는 경우에는 뒷문장 없이 사용한다.

失礼(しつれい)ですが。

今(いま)、電話中(でんわちゅう)ですが。　　　今(いま)、飛行中(ひこうちゅう)ですが。

숫자 읽기

1	2	3	4	5
いち	に	さん	よん・し	ご
6	7	8	9	10
ろく	なな・しち	はち	きゅう・く	じゅう
11	20	30	40	50
じゅういち	にじゅう	さんじゅう	よんじゅう	ごじゅう
60	70	80	90	100
ろくじゅう	ななじゅう	はちじゅう	きゅうじゅう	ひゃく

시간 읽기

▶ 시 읽기　　　　　　　何時(なんじ)　몇 시

1時	2時	3時	4時	5時	6時
いちじ	にじ	さんじ	よじ	ごじ	ろくじ
7時	8時	9時	10時	11時	12時
しちじ	はちじ	くじ	じゅうじ	じゅういちじ	じゅうにじ

분 읽기

何分(なんぷん) 몇 분

5分	ごふん	10分	じゅっぷん
15分	じゅうごふん	20分	にじゅっぷん
25分	にじゅうごふん	30分	さんじゅっぷん
35分	さんじゅうごふん	40分	よんじゅっぷん
45分	よんじゅうごふん	50分	ごじゅっぷん
55分	ごじゅうごふん	60分	ろくじゅっぷん

1分	いっぷん	2分	にふん
3分	さんぷん	4分	よんぷん
5分	ごふん	6分	ろっぷん
7分	ななふん	8分	はっぷん
9分	きゅうふん		

일본문화 알아두기 마네키 네코

마네키(招(まね)き)는 부르다, 猫(ねこ)는 고양이의 뜻으로, 즉 손을 들어 돈을 부르고 행운을 부르는 고양이 상을 '마네키 네코'라고 한다. 왼손을 올리고 있는 것은 손님을 부르는 것이고 오른손을 올리고 있는 것은 돈을 부르는 것을 의미한다. 색깔도 여러 가지인데 흰색은 보통의 개운초복(開運招福)을 의미하고, 검은 색은 마귀나 액을 물리치고, 붉은 색은 병이 없는 건강함을, 핑크는 연애운, 노랑색은 금전운, 실버는 장수를 의미한다고 한다.

어휘
今(いま) 지금   電話中(でんわちゅう) 통화 중
飛行中(ひこうちゅう) 비행 중

단어쓰기

1 다음 한자를 히라가나로 쓰세요.

① 航空 ➡ _____

② 飛行機 ➡ _____

③ 出発 ➡ _____

④ 到着 ➡ _____

⑤ 何時 ➡ _____

⑥ 何分 ➡ _____

2 다음 단어를 일본어로 쓰세요.

① 도쿄 ➡ _____

② 나리타 공항 ➡ _____

③ 지금 ➡ _____

④ 예정 ➡ _____

⑤ 오후 ➡ _____

⑥ 실례 ➡ _____

⑦ 서울행 ➡ _____

⑧ 비행 중 ➡ _____

연습하기

1 예와 같이 바꿔 보세요.

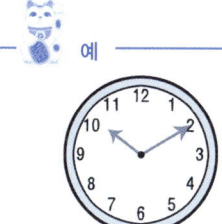
예

A : 今、何時 何分ですか。
B : 10時 10分です。

①

A : 今、何時 何分ですか。

B : _____ 。

②

A : 今、何時 何分ですか。

B : _____ 。

③

A : 今、何時 何分ですか。

B : _____ 。

④

A : 今、何時 何分ですか。

B : _____ 。

2. 예와 같이 바꿔 보세요.

예
A：出発は 何時 何分ですか。 （午前 7時 40分）
B：午前 7時 40分の出発です。

① A：出発は 何時 何分ですか。 （午前 9時 15分）

B：＿＿＿＿＿＿＿＿＿＿＿＿＿＿＿＿＿＿＿＿＿＿。

② A：出発は 何時 何分ですか。 （午後 10時 50分）

B：＿＿＿＿＿＿＿＿＿＿＿＿＿＿＿＿＿＿＿＿＿＿。

③ A：到着は 何時 何分ですか。 （午前 7時 45分）

B：＿＿＿＿＿＿＿＿＿＿＿＿＿＿＿＿＿＿＿＿＿＿。

④ A：到着は 何時 何分ですか。 （午後 4時 20分）

B：＿＿＿＿＿＿＿＿＿＿＿＿＿＿＿＿＿＿＿＿＿＿。

어휘			
午前(ごぜん)	오전	午後(ごご)	오후

말하고 써보기

 일본어로 말하고 써보세요.

① 이 비행기는 대한항공입니까?

　➡ _____

② 실례합니다만, 이 비행기는 서울행입니까?

　➡ _____

③ 이 비행기의 출발은 오후 5시 20분입니다.

　➡ _____

④ 도착은 9시 50분 예정입니다.

　➡ _____

⑤ 나리타 공항에는 몇 시 몇 분 도착입니까?

　➡ _____

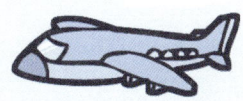

제7과　この 飛行機の 出発は 何時何分ですか。

韓国の夏も 暑いですね。

한국의 여름도 덥군요.

 회화 1

<ruby>山田<rt>やまだ</rt></ruby>　<ruby>韓国<rt>かんこく</rt></ruby>は　<ruby>日本<rt>にほん</rt></ruby>から　<ruby>近<rt>ちか</rt></ruby>いですね。

イ　　<ruby>韓国<rt>かんこく</rt></ruby><ruby>旅行<rt>りょこう</rt></ruby>は　<ruby>初<rt>はじ</rt></ruby>めてですか。

<ruby>山田<rt>やまだ</rt></ruby>　はい、そうです。

　　　<ruby>韓国<rt>かんこく</rt></ruby>の<ruby>夏<rt>なつ</rt></ruby>も　<ruby>暑<rt>あつ</rt></ruby>いですね。

イ　　<ruby>日本<rt>にほん</rt></ruby>の<ruby>冬<rt>ふゆ</rt></ruby>は　どうですか。

<ruby>山田<rt>やまだ</rt></ruby>　<ruby>韓国<rt>かんこく</rt></ruby>より　あまり　<ruby>寒<rt>さむ</rt></ruby>くありません。

어휘

－から	－에서	近(ちか)い	가깝다
旅行(りょこう)	여행	初(はじ)めて	처음
夏(なつ)	여름	暑(あつ)い	덥다
冬(ふゆ)	겨울	どうですか	어떻습니까
－より	－보다	あまり	그다지
寒(さむ)い	춥다	－くありません	－지 않습니다

 회화 2

お客(きゃく)　　あの、すみません。機内(きない)が 少(すこ)し 寒(さむ)いですが、

　　　　　　暖(あたた)かくて 軽(かる)い 毛布(もうふ)を ください。

乗務員(じょうむいん)　はい、かしこまりました。

　　　　　　ホットコーヒーは いかがですか。

お客(きゃく)　　コーヒーは 結構(けっこう)です。

　　　　　　お茶(ちゃ)を ください。

어휘			
あの	저	機内(きない)	기내
少(すこ)し	조금, 약간	暖(あたた)かい	따뜻하다
軽(かる)い	가볍다	毛布(もうふ)	담요
-ください	-주세요	かしこまりました	알겠습니다
ホットコーヒー	따뜻한 커피	いかがですか	어떻습니까
結構(けっこう)です	괜찮습니다(거절)	お茶(ちゃ)	녹차

第8課　韓国の夏も 暑いですね。

문형익히기

イ형용사

기본형이 「い」로 끝나는 형용사를 イ(i)형용사로 분류한다.

정중형은 기본형에 「です」를, 부정형은 끝소리 「い」를 「く」로 바꾸고 부정을 나타내는 「ありません(ないです)」을 붙인다. 두 개 이상의 형용사를 「－하고」 「－해서」의 뜻으로 연결할 때에는 끝소리 「い」를 「くて」로 바꾼다. 명사 앞에 위치하며 명사를 수식할 때는 기본형 그대로 사용한다.

	보통형	정중형
긍정형	暑い	暑いです
부정형	暑くない	暑くありません 暑くないです
연결형	暑くて	暑くて
명사수식형	暑い 夏	暑い 夏

この 本は 高いです。

今日は 忙しいです。

日本語は 難しくありません。

背が 高くありません。

この ラーメンは 安くて おいしいです。

山田さんは 背が 高くて 優しいです。

おもしろい 映画です。

かわいい 犬ですね。

☑ 「いい(よい)」의 활용 정리

	いい	よい
기본형	いい	よい
정중형	いいです	よいです
부정형	いくありません(X) いくないです(X)	よくありません(O) よくないです(O)
연결형	いくて(X)	よくて(O)
명사수식형	いい 人(ひと)	よい 人

気持(きも)ちが いいです。

サービスが よく ありません。

天気(てんき)が よくて 気持(きも)ちが いいです。

いい 人です。

ー명사 + を ください　　　ー을/를 주세요

상대방에게 무엇을 달라고 요구할 때 사용하는 표현이다. 단, 상대방이 자신보다 아랫사람인 경우나 상점에서 물건을 달라고 할 때, 또는 식당에서 주문할 때 사용한다.

これを ください。

ホットコーヒーを ください。

つめたいビールを ください。

ーね　　　ー군요

'ー군요'라는 뜻의 종조사이다.
가벼운 영탄·감동·주장을 나타내고, 상대의 동의나 대답을 바라는 뜻을 나타냄.

韓国(かんこく)の冬(ふゆ)は 寒(さむ)いですね。

日本(にほん)の夏(なつ)は 暑(あつ)いですね。

キムチは おいしいですね。

일본문화 알아두기 일본의 후지산

　일본 시즈오카현 야마나시현 두개의 현에 걸쳐있는 원추형의 휴화산인 후지산은 해발 3776m의 일본에서 가장 높은 산이다. 일본뿐만 아니라 세계적으로도 널리 알려진 명산이며 일본의 상징적인 산이기도 하다.

어휘			
高(たか)い	비싸다, (키가)크다	今日(きょう)	오늘
忙(いそが)しい	바쁘다	日本語(にほんご)	일본어
難(むずか)しい	어렵다	背(せ)	키
ラーメン	라면	安(やす)い	싸다
おいしい	맛있다	優(やさ)しい	상냥하다
おもしろい	재미있다	映画(えいが)	영화
かわいい	귀엽다	犬(いぬ)	개
気持(きも)ち	기분	いい	좋다
サービス	서비스	天気(てんき)	날씨
ホットコーヒー	뜨거운 커피	つめたいビール	차가운 맥주
キムチ	김치		

기본 イ형용사

大(おお)きい	크다	小(ちい)さい	작다
高(たか)い	비싸다	安(やす)い	싸다
広(ひろ)い	넓다	狭(せま)い	좁다
高(たか)い	높다	低(ひく)い	낮다
多(おお)い	많다	少(すく)ない	적다
軽(かる)い	가볍다	重(おも)い	무겁다
近(ちか)い	가깝다	遠(とお)い	멀다
長(なが)い	길다	短(みじか)い	짧다
涼(すず)しい	시원하다	暖(あたた)かい	따뜻하다
暑(あつ)い	덥다	寒(さむ)い	춥다
いい(よい)	좋다	悪(わる)い	나쁘다
強(つよ)い	강하다	弱(よわ)い	약하다
おいしい	맛있다	まずい	맛없다
難(むずか)しい	어렵다	易(やさ)しい	쉽다
熱(あつ)い	뜨겁다	冷(つめ)たい	차갑다
明(あか)るい	밝다	暗(くら)い	어둡다
青(あお)い	푸르다	赤(あか)い	붉다
白(しろ)い	하얗다	黒(くろ)い	검다
おもしろい	재미있다	つまらない	시시하다
辛(から)い	맵다	甘(あま)い	달다
かわいい	귀엽다	楽(たの)しい	즐겁다
優(やさ)しい	상냥하다	忙(いそが)しい	바쁘다
寂(さび)しい	쓸쓸하다	素晴(すば)らしい	멋지다

第8과 **韓国の夏も 暑いですね。**

단어쓰기

1 다음 한자를 히라가나로 쓰세요.

① 旅行　　➡ _____

② 毛布　　➡ _____

③ 夏　　　➡ _____

④ 冬　　　➡ _____

⑤ 寒い　　➡ _____

⑥ 暑い　　➡ _____

2 다음 단어를 일본어로 쓰세요.

① 날씨　　　　　　➡ _____

② 가볍다　　　　　➡ _____

③ 맛있다　　　　　➡ _____

④ 기분　　　　　　➡ _____

⑤ 어떻습니까　　　➡ _____

⑥ 괜찮습니다(거절)　➡ _____

⑦ 따뜻한 커피　　 ➡ _____

⑧ 서비스　　　　　➡ _____

연습하기

1 예와 같이 바꿔 보세요.

예

A : りんごは　おいしいですか。
B : はい、とても　おいしいです。
　　いいえ、あまり　おいしくありません。

①

A : 映画(えいが)は　おもしろいですか。
B : ＿＿＿＿＿＿＿＿＿＿＿＿＿＿＿＿。
　　＿＿＿＿＿＿＿＿＿＿＿＿＿＿＿＿。

②

A : 機内(きない)サービスは　いいですか。
B : ＿＿＿＿＿＿＿＿＿＿＿＿＿＿＿＿。
　　＿＿＿＿＿＿＿＿＿＿＿＿＿＿＿＿。

③

A : 旅行(りょこう)は　楽(たの)しいですか。
B : ＿＿＿＿＿＿＿＿＿＿＿＿＿＿＿＿。
　　＿＿＿＿＿＿＿＿＿＿＿＿＿＿＿＿。

④

A : お荷物(にもつ)は　重(おも)いですか。
B : ＿＿＿＿＿＿＿＿＿＿＿＿＿＿＿＿。
　　＿＿＿＿＿＿＿＿＿＿＿＿＿＿＿＿。

第8과　韓国の夏も　暑いですね。

2 예와 같이 바꿔 보세요.

> 예
>
>
> このかばん　　小さい　　かわいい
> このかばんは　小さくて　かわいいです。

① 　コーヒー　　温かい　　おいしい
➡ _____ 。

② 　部屋　　暗い　　寒い
➡ _____ 。

③ 　このケータイ　画面が大きい　いい
➡ _____ 。

④ 　このりんご　　やすい　　おいしい
➡ _____ 。

3 예와 같이 바꿔 보세요.

예

お水
お水を ください。

① 紅茶
　➡ _____。

② ジュース
　➡ _____。

③ 雑誌
　➡ _____。

④ 毛布
　➡ _____。

어휘			
りんご	사과	とても	아주, 매우
映画(えいが)	영화	おもしろい	재미있다
機内(きない)サービス	기내서비스	旅行(りょこう)	여행
楽(たの)しい	즐겁다	重(おも)い	무겁다
かばん	가방	小(ちい)さい	작다
かわいい	귀엽다	温(あたた)かい	따뜻하다
おいしい	맛있다	部屋(へや)	방
暗(くら)い	어둡다	ケータイ	휴대폰
画面(がめん)	화면	大(おお)きい	크다
やすい	싸다	ジュース	주스

第8과 韓国の夏も 暑いですね。

말하고 써보기

 일본어로 말하고 써보세요.

① 한국은 일본에서 가깝네요.

➡ _____

② 한국 여행은 처음입니까?

➡ _____

③ 조금 춥습니다만, 따뜻하고 가벼운 담요를 주세요.

➡ _____

④ 커피는 괜찮습니다. 녹차를 주세요.

➡ _____

⑤ 일본의 겨울은 그다지 춥지 않습니다.

➡ _____

9과

空港から ホテルまで 交通は 便利ですか。

공항에서 호텔까지 교통은 편리합니까?

회화 1

山田（やまだ）　空港（くうこう）から　ホテルまで　交通（こうつう）は　便利（べんり）ですか。

李（イ）　いいえ、あまり　便利（べんり）ではありません。

　　　　すこし　不便（ふべん）です。

　　　　でも、大韓（だいかん）ホテルは　なかなか　すてきな　ホテルです。

　　　　部屋（へや）も　きれいで　サービスも　いいです。

어휘			
空港(くうこう)	공항	ーから	ー에서
ホテル	호텔	ーまで	ー까지
交通(こうつう)	교통	便利(べんり)だ	편리하다
不便(ふべん)だ	불편하다	でも	그렇지만
なかなか	꽤, 상당히	すてきだ	멋지다, 훌륭하다
部屋(へや)	방	きれいだ	깨끗하다, 예쁘다
サービス	서비스		

<ruby>李<rt>イ</rt></ruby>　<ruby>仁川空港<rt>インチョンくうこう</rt></ruby>は　<ruby>国際空港<rt>こくさいくうこう</rt></ruby>です。
　　　いつも　にぎやかです。

<ruby>山田<rt>やまだ</rt></ruby>　<ruby>仁川空港<rt>インチョンくうこう</rt></ruby>は　<ruby>広<rt>ひろ</rt></ruby>いですか。

<ruby>李<rt>イ</rt></ruby>　はい、<ruby>仁川空港<rt>インチョンくうこう</rt></ruby>は　<ruby>広<rt>ひろ</rt></ruby>くて　<ruby>案内<rt>あんない</rt></ruby>サービスが　いいです。
　　　<ruby>空港<rt>くうこう</rt></ruby>の<ruby>免税店<rt>めんぜいてん</rt></ruby>も　きれいで　<ruby>親切<rt>しんせつ</rt></ruby>です。

<ruby>山田<rt>やまだ</rt></ruby>　<ruby>李<rt>イ</rt></ruby>さんは　<ruby>旅行<rt>りょこう</rt></ruby>が　<ruby>好<rt>す</rt></ruby>きですか。

<ruby>李<rt>イ</rt></ruby>　はい、<ruby>大好<rt>だいす</rt></ruby>きです。

어휘			
国際(こくさい)	국제	いつも	언제나
にぎやかだ	번화하다, 활기차다	広(ひろ)い	넓다
案内(あんない)	안내	免税店(めんぜいてん)	면세점
親切(しんせつ)だ	친절하다	旅行(りょこう)	여행
好(す)きだ	좋아하다	大好(だいす)きだ	대단히 좋아하다

제9과　空港から　ホテルまで　交通は　便利ですか。

문형익히기

ナ형용사

정중형은 기본형의 「－だ」를 「です」로 바꾼다. 부정형은 「－だ」를 「ではありません」으로 바꾼다. 두 개 이상의 ナ형용사를 「－하고」「－해서」의 뜻으로 연결할 때에는 끝소리 「だ」를 「で」로 바꾼다. 명사 앞에 위치하며 명사를 수식할 때는 「－だ」를 「な」로 바꾼다.

	보통형	정중형
긍정형	親切だ	親切です
부정형	親切ではない 親切じゃない	親切ではありません 親切じゃないです
연결형	親切で	親切で
명사수식형	親切な 店員	親切な 店員

ホテルの部屋は きれいです。

今日は 暇です。

バスは 便利では ありません。

案内は 親切では ありません。

部屋は 静かで きれいです。

空港は にぎやかで いいです。

親切な 機内サービス。

便利な 機内免税店。

「－が」를 취하는 ナ형용사

좋아하거나 싫어하는 또는 잘하거나 못하는 대상을 나타낼 때에는 조사 「－が」를 사용한다.

☑ 「好（す）きだ」「嫌（きら）いだ」「上手（じょうず）だ」「下手（へた）だ」

わたしは　韓国料理（かんこくりょうり）が　一番（いちばん）　好（す）きです。

李さんは　英語（えいご）が　上手（じょうず）です。

―から ―まで　　　　　　　　　　　―에서 ―까지

「－から」는 '부터(에서)'라는 뜻으로 장소나 시간의 기점을 나타내고,
「－まで」는 '까지'라는 뜻으로 장소나 시간의 도착점을 나타낸다.

韓国（かんこく）から　日本（にほん）までです。

授業（じゅぎょう）は　1時（いちじ）から　3時（さんじ）までです。

でも　　　　　　　　　　　그렇지만

문장 첫머리에서 사용되며 역접의 의미를 나타낸다.

部屋（へや）は　きれいです。でも、すこし　狭（せま）いです。

日本語（にほんご）は　おもしろいです。でも　すこし　難（むずか）しいです。

어휘			
今日(きょう)	오늘	暇(ひま)だ	한가하다
バス	버스	静(しず)かだ	조용하다
機内(きない)サービス	기내서비스	韓国料理(かんこくりょうり)	한국요리
一番(いちばん)	가장, 제일	英語(えいご)	영어
上手(じょうず)だ	잘한다	授業(じゅぎょう)	수업
狭(せま)い	좁다	難(むずか)しい	어렵다

제9과　空港から ホテルまで 交通は 便利ですか。

기본 ナ형용사

上手(じょうず)だ 잘하다	下手(へた)だ 못하다
簡単(かんたん)だ 간단하다	複雑(ふくざつ)だ 복잡하다
好(す)きだ 좋아하다	嫌(きら)いだ 싫어하다
便利(べんり)だ 편리하다	不便(ふべん)だ 불편하다
にぎやかだ 번화하다, 활기차다	静(しず)かだ 조용하다
親切(しんせつ)だ 친절하다	ハンサムだ 핸섬하다
元気(げんき)だ 건강하다	きれいだ 예쁘다 깨끗하다
暇(ひま)だ 한가하다	有名(ゆうめい)だ 유명하다
心配(しんぱい)だ 걱정이다	大切(たいせつ)だ 중요하다
大丈夫(だいじょうぶ)だ 괜찮다	大変(たいへん)だ 힘들다
まじめだ 성실하다	素敵(すてき)だ 근사하다

단어쓰기

1 다음 한자를 히라가나로 쓰세요.

① 交通　　➡ _____

② 便利だ　➡ _____

③ 部屋　　➡ _____

④ 韓国料理　➡ _____

⑤ 一番　　➡ _____

⑥ 機内　　➡ _____

2 다음 단어를 일본어로 쓰세요.

① 국제　　　　➡ _____

② 꽤, 상당히　➡ _____

③ 친절하다　　➡ _____

④ 불편하다　　➡ _____

⑤ 좋아하다　　➡ _____

⑥ 깨끗하다　　➡ _____

⑦ 호텔　　　　➡ _____

⑧ 멋지다, 훌륭하다　➡ _____

제9과　**空港から ホテルまで 交通は 便利ですか。**

연습하기

1 예와 같이 바꿔 보세요.

예

A : このかばんは 丈夫ですか。
B : はい、とても 丈夫です。
　　いいえ、あまり 丈夫ではありません。

①

A : 李さんの部屋は きれいですか。
B : _____。
　　_____。

②

A : グラウンドスタッフは 親切ですか。
B : _____。
　　_____。

③

A : 日本語のテストは 簡単ですか。
B : _____。
　　_____。

④

A : 日本の交通は 便利ですか。
B : _____。
　　_____。

2 예와 같이 바꿔 보세요.

> 예
> A : 山田さんは どんな 人ですか。(親切だ)
> B : 山田さんは 親切な 人です。

① A : 鈴木さんは どんな 人ですか。　　　(ゆうめいだ)

　B : _____。

② A : 京都は どんな ところですか。　　　(きれいだ)

　B : _____。

③ A : 李さんは どんな 人ですか。　　　(元気だ)

　B : _____。

④ A : 仁川空港は どんな ところですか。　　　(にぎやかだ)

　B : _____。

3 예와 같이 바꿔 보세요.

> 예
> このケータイ　便利だ　丈夫だ
> このケータイは 便利で 丈夫です。

① 　東京の地下鉄　便利だ　きれいだ

➡ _____。

②  山田さん　まじめだ　親切だ

➡ _____。

③  京都　きれいだ　静かだ

➡ _____。

④  国際線ターミナル　にぎやかだ　複雑だ

➡ _____。

어휘			
丈夫(じょうぶ)だ	튼튼하다	グラウンドスタッフ	지상직
テスト	테스트	簡単(かんたん)だ	간단하다, 쉽다
どんな	어떤	地下鉄(ちかてつ)	지하철
京都(きょうと)	교토	国際線(こくさいせん)ターミナル	국제선 터미널
複雑(ふくざつ)だ	번거롭다		

말하고 써보기

 일본어로 말하고 써보세요.

① 공항에서 호텔까지 교통은 편리합니까?

　➡ _____

② 아니오, 그다지 편리하지 않습니다. 약간 불편합니다.

　➡ _____

③ 방도 깨끗하고 서비스도 좋습니다.

　➡ _____

④ 인천공항은 넓고 안내서비스가 좋습니다.

　➡ _____

⑤ 공항면세점은 깨끗하고 친절합니다.

　➡ _____

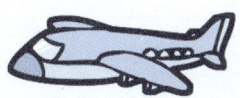

제9과　**空港から ホテルまで 交通は 便利ですか**。

10과

鈴木さんは 免税店に います。
스즈키씨는 면세점에 있습니다.

山田 もしもし、李さん どこに いますか。

李 空港の コーヒーショップです。

山田 鈴木さんも 一緒ですか。

李 いいえ、鈴木さんは いません。

鈴木さんは 免税店に います。

어휘			
もしもし	여보세요	どこ	어디
一に	-에(장소)	います	있습니다
コーヒーショップ	커피숍	一緒(いっしょ)	함께
いません	없습니다	免税店(めんぜいてん)	면세점

<u>山田</u>　李さん　どこに　いますか。

<u>李</u>　出国ラウンジに　います。

　　山田さんは　どこですか。

<u>山田</u>　5番ゲート　搭乗口の前の　免税店に　います。

　　出国ラウンジから　遠いですか。

<u>李</u>　いいえ、あまり　遠くありません。

어휘			
出国(しゅっこく)ラウンジ	출국라운지	5番(ばん)ゲート	5번게이트
搭乗口(とうじょうぐち)	탑승구	前(まえ)	一전, 앞
遠(とお)い	멀다	あまり	그다지

문형익히기

いきす・あります — 있습니다

사람과 동물 등의 존재를 나타낼 때는 「います」, 사물과 식물 등의 존재를 나타낼 때는 「あります」를 사용한다. 부정형은 「いません」「ありません」이다.

友達(ともだち)が　います。　　　友達(ともだち)が　いません。

デパートが　あります。　　　デパートが　ありません。

－に — －에

대상이 존재하는 장소를 나타낼 때 조사 「－に」를 사용한다.

乗務員(じょうむいん)は　客室(きゃくしつ)に　います。

案内書(あんないしょ)は　座席(ざせき)のポケットに　あります。

 위치명사

上(うえ) 위	下(した) 아래	中(なか) 안	外(そと) 밖
前(まえ) 앞	後(うし)ろ 뒤	右(みぎ) 오른쪽	左(ひだり) 왼쪽
横(よこ) 옆	隣(となり) 옆	そば 근처	向(む)かい 맞은편

어휘

友達(ともだち)	친구	デパート	백화점
客室(きゃくしつ)	객실	案内書(あんないしょ)	안내서
座席(ざせき)	좌석	ポケット	주머니

단어쓰기

1 다음 한자를 히라가나로 쓰세요.

① 一緒　　➡ _____

② 搭乗口　➡ _____

③ 出国　　➡ _____

④ 遠い　　➡ _____

⑤ 空港　　➡ _____

⑥ 免税店　➡ _____

2 다음 단어를 일본어로 쓰세요.

① 여보세요　➡ _____

② 앞　　　➡ _____

③ 객실　　➡ _____

④ 좌석　　➡ _____

⑤ 안내서　➡ _____

⑥ 친구　　➡ _____

⑦ 커피숍　➡ _____

⑧ 백화점　➡ _____

연습하기

1 예와 같이 바꿔 보세요.

예

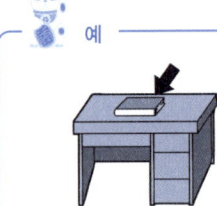

つくえ・上

A : 本は どこに ありますか。
B : つくえの 上に あります。

①

車・中

A : 李さんは どこに いますか。
B : _____。

②

いす・下

A : 猫は どこに いますか。
B : _____。

③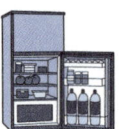

冷蔵庫・中

A : りんごは どこに ありますか。
B : _____。

④

手荷物・上の棚

A : 手荷物は どこに ありますか。
B : _____。

2 보기에서 다음 문장에 적합한 것을 골라 넣으세요.

> 보기
> います・あります・いません・ありません

① 鈴木君は　どこにも＿＿＿＿＿＿＿＿＿＿＿＿＿＿＿＿＿＿＿＿。

② 入国カードは　座席のポケットに＿＿＿＿＿＿＿＿＿＿＿＿＿＿＿＿＿＿＿＿。

③ 山田さんは　出国ラウンジに＿＿＿＿＿＿＿＿＿＿＿＿＿＿＿＿＿＿＿＿。

④ 空港バス停は　7番出口の前に＿＿＿＿＿＿＿＿＿＿＿＿＿＿＿＿＿＿＿＿。

⑤ 荷物は　座席の下には＿＿＿＿＿＿＿＿＿＿＿＿＿＿＿＿＿＿＿＿。

어휘			
車(くるま)	차	中(なか)	안
いす	의자	下(した)	아래
猫(ねこ)	고양이	冷蔵庫(れいぞうこ)	냉장고
手荷物(てにもつ)	수하물	上(うえ)の棚(たな)	윗 선반
どこにも	어디에도	バス停(てい)	버스정류장
出口(でぐち)	출구		

말하고 써보기

 일본어로 말하고 써보세요.

① 이〇〇 씨는 어디에 있습니까?

➡ _____

② 야마다 씨는 공항 커피숍에 있습니다

➡ _____

③ 박〇〇 씨는 면세점에 없습니다.

➡ _____

④ 김〇〇 씨는 5번 게이트 탑승구 앞 면세점에 있습니다.

➡ _____

⑤ 출국라운지에서 멉니까?

➡ _____

11과

いらっしゃいませ。
何名様ですか。
어서 오십시오. 몇 분이십니까?

 회화 1

店員(てんいん)	いらっしゃいませ。何名様(なんめいさま)ですか。
お客(きゃく)	二人(ふたり)です。
店員(てんいん)	こちらへ　どうぞ。 お飲(の)み物(もの)は　何(なに)に　なさいますか。
お客(きゃく)	コーヒー　二(ふた)つと　お茶(ちゃ)　一(ひと)つください。
店員(てんいん)	ほかに　ご注文(ちゅうもん)は　ございませんか。
お客(きゃく)	けっこうです。
店員(てんいん)	はい、かしこまりました。

어휘			
いらっしゃいませ	어서 오세요	何名様(なんめいさま)	몇 분
二人(ふたり)	두 명	飲(の)み物(もの)	음료
何(なに)に	무엇으로	なさいますか	하시겠습니까?
二(ふた)つ	둘	一(ひと)つ	하나
ほかに	그 외에	注文(ちゅうもん)	주문
ございません	없습니다	けっこうです	괜찮습니다(거절)
かしこまりました	알겠습니다		

회화 2

GS	いらっしゃいませ。
	パスポートと チケットを お願いします。
	お客様、KE702便 東京行ですね。
	お預けの荷物は いくつですか。
お客	一つです。
GS	壊れ物は ございませんか。
お客	ありません。
GS	搭乗口は 15番です。
	お座席は 25Cです。

어휘

チケット	티켓	ー便(びん)	ー편
お預(あず)けの荷物(にもつ)	맡길 짐	いくつ	몇 개
壊(こわ)れ物(もの)	깨질 물건	搭乗口(とうじょうぐち)	탑승구
ー番(ばん)	ー번	座席(ざせき)	좌석

문형익히기

조수사

	いくつ	何人(なんにん)	何本(なんぼん)
1 いち	ひとつ	ひとり	いっぽん
2 に	ふたつ	ふたり	にほん
3 さん	みっつ	さんにん	さんぼん
4 し・よん	よっつ	よにん	よんほん
5 ご	いつつ	ごにん	ごほん
6 ろく	むっつ	ろくにん	ろっぽん
7 なな・しち	ななつ	しちにん・ななにん	ななほん
8 はち	やっつ	はちにん	はっぽん
9 きゅう・く	ここのつ	きゅうにん	きゅうほん
10 じゅう	とお	じゅうにん	じゅっぽん

一へ どうぞ　　　　　　　　　　－로 가세요(오세요)

「どうぞ」와 위치명사는 자리를 바꾸어 말해도 된다.

　　　　こちらへ　どうぞ。　＝　どうぞ　こちらへ。
　　　　二階(にかい)へ　どうぞ。　＝　どうぞ　二階へ。
　　　　右(みぎ)の方(ほう)へ　どうぞ　＝　どうぞ　右の方へ

ございます・ございません   있습니다・없습니다

あります・ありません의 정중한 표현이다.

こちらに　安全案内書(あんぜんあんないしょ)が　ございます。

ご注文(ちゅうもん)は　ございませんか。

―と   ―와/과

조사 「―と」는 대등한 것을 열거할 때 사용한다.

チーズケーキと　コーヒーを　ください。

搭乗券(とうじょうけん)と　パスポートです。

入国(にゅうこく)カードと　税関申告書(ぜいかんしんこくしょ)です。

二階(にかい)	이층
右(みぎ)の方(ほう)	오른쪽
安全案内書(あんぜんあんないしょ)	안전 안내서
チーズケーキ	치즈 케이크
税関申告書(ぜいかんしんこくしょ)	세관신고서

단어쓰기

1 다음 한자를 히라가나로 쓰세요.

① 何名様 ➡ _____

② 搭乗口 ➡ _____

③ 飲み物 ➡ _____

④ 二人 ➡ _____

⑤ お茶 ➡ _____

⑥ 注文 ➡ _____

2 다음 단어를 일본어로 쓰세요.

① 한 개 ➡ _____

② 몇 개 ➡ _____

③ 하시겠습니까 ➡ _____

④ 그 외에 ➡ _____

⑤ 깨질 물건 ➡ _____

⑥ 맡기실 짐 ➡ _____

⑦ 안전 안내서 ➡ _____

⑧ 세관 신고서 ➡ _____

연습하기

1 그림을 보고 알맞은 조수사를 넣으세요.

①  ビーフステーキ_____と、

ビビンバ_____が あります。

②  搭乗客は_____です。

③  ビール_____ください。

④  色鉛筆は_____あります。

2 다음 대화를 완성하세요.

① お客 : ビールは 何が ありますか。

　店員 : 韓国のビールと 日本のビールが _____。

② お客 : 禁煙席は ありませんか。

　店員 : はい、_____。

③ 搭乗客：日本の新聞は ありませんか。

　　乗務員：申し訳 _____。

　　　　　　国内線には　日本の新聞は _____。

④ GS：お預けの荷物は　ございませんか。

　　お客：いいえ、_____。

어휘			
ビビンバ	비빔밥	ビーフステーキ	비프 스테이크
搭乗客(とうじょうきゃく)	탑승객	ビール	맥주
色鉛筆(いろえんぴつ)	색연필	申(もう)し訳(わけ) ございません	너무 죄송합니다
禁煙席(きんえんせき)	금연석	国内線(こくないせん)	국내선

말하고 써보기

 일본어로 말하고 써보세요.

① 어서 오십시오. 몇 분이십니까?

　➡ _____

② 음료는 무엇으로 하시겠습니까?

　➡ _____

③ 그 외에 주문은 없으십니까?

　➡ _____

④ 맡기실 짐은 몇 개입니까?

　➡ _____

⑤ 깨질 물건은 없습니까?

　➡ _____

MEMO

12과

韓国での 滞在は いつから いつまでですか。

한국에서의 체재는 언제부터 언제까지입니까?

李 　　韓国での滞在は いつから いつまでですか。

山田 　4月 5日から 10日までです。

李 　　韓国は 初めてですか。

山田 　いいえ、二回目です。今回は 出張ではなく 旅行です。

李 　　それは、よかったですね。

어휘			
ーで	ー(장소)에서	滞在(たいざい)	체재
いつ	언제	4月(しがつ)	4월
5日(いつか)	5일, 닷새	10日(とおか)	10일, 열흘
はじめて	처음	二回目(にかいめ)	두번째
今回(こんかい)	이번	出張(しゅっちょう)	출장
ーではなく	ー아니라	よかった	다행이다

李 　　予約を　お願いします。

GS　　どちらに　いらっしゃいますか。

李 　　日本の東京です。

GS　　成田空港ですか。

李 　　いいえ、羽田です。

GS　　いつの便を　ご希望ですか。

李 　　8月　14日　水曜日
　　　　午後　7時の便です。

GS　　何名様ですか。

李 　　一人です。

GS　　お名前と　電話番号を　お願いします。

어휘			
予約(よやく)	예약	いらっしゃいますか	가십니까
羽田(はねだ)	하네다	便(びん)	편
希望(きぼう)	희망	何名様(なんめいさま)	몇분
水曜日(すいようび)	수요일	名前(なまえ)	이름
電話番号(でんわばんごう)	전화번호		

문형익히기

월 읽기　　　　　　　　　　　何月(なんがつ)　몇 월

1月	2月	3月	4月	5月	6月
いちがつ	にがつ	さんがつ	しがつ	ごがつ	ろくがつ
7月	8月	9月	10月	11月	12月
しちがつ	はちがつ	くがつ	じゅうがつ	じゅういちがつ	じゅうにがつ

일 읽기　　　　　　　　　　　何日(なんにち)　몇 일

				1 ついたち	2 ふつか	3 みっか
4 よっか	5 いつか	6 むいか	7 なのか	8 ようか	9 ここのか	10 とおか
11 じゅう いちにち	12 じゅう ににち	13 じゅう さんにち	14 じゅう よっか	15 じゅう ごにち	16 じゅう ろくにち	17 じゅう しちにち
18 じゅう はちにち	19 じゅう くにち	20 はつか	21 にじゅう いちにち	22 にじゅう ににち	23 にじゅう さんにち	24 にじゅう よっか
25 にじゅう ごにち	26 にじゅう ろくにち	27 にじゅう しちにち	28 にじゅう はちにち	29 にじゅう くにち	30 さんじゅう にち	31 さんじゅう いちにち

今日(きょう)は　何月(なんがつ)　何日(なんにち)ですか。
今日(きょう)は　6月(ろくがつ)　19日(じゅうくにち)です。

요일 읽기　　　　　　　　　　　何曜日(なんようび)　　무슨 요일

일요일	월요일	화요일	수요일	목요일	금요일	토요일
日曜日 にちようび	月曜日 げつようび	火曜日 かようび	水曜日 すいようび	木曜日 もくようび	金曜日 きんようび	土曜日 どようび

때를 나타내는 표현

그저께	어제	오늘	내일	모레
一昨日 おととい	昨日 きのう	今日 きょう	明日 あした	明後日 あさって

지지난주	지난주	이번주	다음주	다다음주
先々週 せんせんしゅう	先週 せんしゅう	今週 こんしゅう	来週 らいしゅう	再来週 さらいしゅう

지지난달	지난달	이번달	다음달	다다음달
先々月 せんせんげつ	先月 せんげつ	今月 こんげつ	来月 らいげつ	再来月 さらいげつ

－でした

명사 뒤에 「－でした」를 붙여 과거형을 나타낸다.
과거부정형은 「－ではありませんでした」이다.

　　昨日(きのう)は　休(やす)みでした。
　　水曜日(すいようび)は　旅行(りょこう)でした。
　　先週(せんしゅう)は　テストではありませんでした。

| 休(やす)み | 휴일 | 旅行(りょこう) | 여행 |
| テスト | 시험, 테스트 | | |

제12과　**韓国での　滞在は　いつから　いつまでですか。**

단어쓰기

1 다음 한자를 히라가나로 쓰세요.

① 滞在　　➡ _____

② 予約　　➡ _____

③ 出張　　➡ _____

④ 希望　　➡ _____

⑤ 名前　　➡ _____

⑥ 電話番号　➡ _____

2 다음 단어를 일본어로 쓰세요.

① 언제　　➡ _____

② 14일　　➡ _____

③ 처음　　➡ _____

④ 몇 분　　➡ _____

⑤ 20일　　➡ _____

⑥ 며칠　　➡ _____

⑦ 몇 월　　➡ _____

⑧ 무슨 요일　➡ _____

연습하기

1 예와 같이 바꿔 보세요.

 예

2 February
S	M	T	W	T	F	S
				1	2	3
4	5	6	7	8	9	10
11	12	13	(14)	15	16	17
18	19	20	21	22	23	24
25	26	27	28	29	30	

A：何月　何日　何曜日ですか。

B：2月　14日　水曜日です。

① 9 September
S	M	T	W	T	F	S
						1
2	3	4	5	6	(7)	8
9	10	11	12	13	14	15
16	17	18	19	20	21	22
23/30	24	25	26	27	28	29

A：＿＿＿＿＿＿＿＿＿＿＿＿＿＿＿＿＿＿＿。

B：＿＿＿＿＿＿＿＿＿＿＿＿＿＿＿＿＿＿＿。

② 4 April
S	M	T	W	T	F	S
1	2	(3)	4	5	6	7
8	9	10	11	12	13	14
15	16	17	18	19	20	21
22	23	24	25	26	27	28
29	30					

A：＿＿＿＿＿＿＿＿＿＿＿＿＿＿＿＿＿＿＿。

B：＿＿＿＿＿＿＿＿＿＿＿＿＿＿＿＿＿＿＿。

③ 12 December
S	M	T	W	T	F	S
				1	2	3
4	5	6	7	8	9	10
11	12	13	14	15	16	17
18	19	20	21	22	23	24
(25)	26	27	28	29	30	31

A：＿＿＿＿＿＿＿＿＿＿＿＿＿＿＿＿＿＿＿。

B：＿＿＿＿＿＿＿＿＿＿＿＿＿＿＿＿＿＿＿。

④ 7 July
S	M	T	W	T	F	S
	(1)	2	3	4	5	6
7	8	9	10	11	12	13
14	15	16	17	18	19	20
21	22	23	24	25	26	27
28	29	30	31			

A：＿＿＿＿＿＿＿＿＿＿＿＿＿＿＿＿＿＿＿。

B：＿＿＿＿＿＿＿＿＿＿＿＿＿＿＿＿＿＿＿。

제12과　**韓国での　滞在は　いつから　いつまでですか。**

2 예와 같이 바꿔 보세요.

> 예
> A : 昨日は 月曜日でしたか。
> B : はい、昨日は 月曜日でした。
>   いいえ、昨日は 月曜日ではありませんでした。

① A : 昨日は 佐藤さんの 誕生日でしたか。

　B : はい、_____。

　　　いいえ、_____。

② A : ここは 有名な お寺でしたか。

　B : はい、_____。

　　　いいえ、_____。

③ A : 一昨日は いい 天気でしたか。

　B : はい、_____。

　　　いいえ、_____。

④ A : 先週は 出張でしたか。

　B : はい、_____。

　　　いいえ、_____。

어휘			
誕生日(たんじょうび)	생일	有名(ゆうめい)だ	유명하다
お寺(てら)	절	天気(てんき)	날씨
出張(しゅっちょう)	출장	一昨日(おととい)	그저께
先週(せんしゅう)	지난 주		

말하고 써보기

 일본어로 말하고 써보세요.

① 한국은 처음입니까?

➡ _____

② 한국에서의 체재는 언제부터 언제까지입니까?

➡ _____

③ 일본에서의 체재는 8월 4일부터 10일까지입니다.

➡ _____

④ 어느 쪽으로 가십니까?

➡ _____

⑤ 이름과 전화번호를 부탁드립니다.

➡ _____

13과

これは おいくらですか。
이것은 얼마입니까?

 회화 1

お客 空港の免税店にも いろいろな お土産が ありますね。
韓国のお土産で 何が いいですか。

店員 ゆず茶は いかがですか。
ゆず茶は 日本の女性の方に 人気が あります。

お客 おいくらですか。

店員 8,500ウォンです。

お客 それを ください。

店員 はい、かしこまりました。
ありがとうございます。

어휘			
免税店(めんぜいてん)	면세점	いろいろ	여러가지
お土産(みやげ)	기념품	ゆず茶(ちゃ)	유자차
いくら	얼마	ウォン	원
女性(じょせい)	여성	一方(かた)	분
人気(にんき)	인기		

店員 いらっしゃいませ。何か お探しですか。

お客 韓国のお酒は ありませんか。

店員 こちらに ございます。
安東焼酒が お勧めです。韓国で 有名な お酒です。

お客 おいくらですか。

店員 25,500ウォンでございます。

お客 じゃ それに します。30,000ウォンです。

店員 はい、かしこまりました。
4,500ウォンの お返しでございます。

어휘			
何(なに)か	무언가	お探(さが)しですか。	찾으십니까?
－でございます	－입니다	お酒(さけ)	술
焼酎(しょうちゅう)	소주	お勧(すす)め	추천
有名(ゆうめい)だ	유명하다	－に します	－으로 하겠습니다
お返(かえ)し	거스름돈		

문형익히기

숫자 읽기

	1	10	100	1000	10000
1	いち	じゅう	ひゃく	せん	いちまん
2	に	にじゅう	にひゃく	にせん	にまん
3	さん	さんじゅう	さんびゃく	さんぜん	さんまん
4	し・よん	よんじゅう	よんひゃく	よんせん	よんまん
5	ご	ごじゅう	ごひゃく	ごせん	ごまん
6	ろく	ろくじゅう	ろっぴゃく	ろくせん	ろくまん
7	しち・なな	ななじゅう	ななひゃく	ななせん	ななまん
8	はち	はちじゅう	はっぴゃく	はっせん	はちまん
9	きゅう・く	きゅうじゅう	きゅうひゃく	きゅうせん	きゅうまん

가격 말하기

1円	2円	3円	4円	5円
いちえん	にえん	さんえん	よえん	ごえん
6円	**7円**	**8円**	**9円**	**10円**
ろくえん	ななえん	はちえん	きゅうえん	じゅうえん

おいくらですか。

3,700(さんぜん　ななひゃく)円です。

☑ **화폐단위**

　　ウォン 원(₩)　　　ドル 달러($)　　　ユーロ 유로(€)

―は いかがですか　　　―은 어떻습니까?

お茶は　　　　　いかがですか。

お酒は　　　　　いかがですか

韓国の海苔は　　いかがですか。

―が おすすめです　　　―이(가) 추천입니다.

焼き肉が　　　　おすすめです。

そば定食が　　　おすすめです

トンカツ定食が　おすすめです。

―に します　　　―으로 하겠습니다.

赤いかばんに　　　します。

ビーフステーキに　します。

ホットコーヒーに　します。

―で ございます　　　―입니다 (―です의 공손한 표현)

おしぼりでございます。

お飲み物でございます。

お食事でございます。

일본문화 알아두기 일본의 화폐 (円, ¥)

주화	1円	어린 나뭇가지
	5円	농업과 공업을 상징하는 벼 이삭과 물, 톱니바퀴
	10円	세계문화유산으로 지정된 평등원
	50円	국화꽃
	100円	벚꽃
	500円	동백꽃
지폐	1,000円	세균학자 노구치 히데오(野口英世)
	2,000円	1555년에 건립된 세계문화유산 오키나와의 수리성 슈레이몬 (守礼門)
	5,000円	메이지시대 여류소설가 히구치 이치요(樋口一葉)
	10,000円	메이지시대 계몽사상가 후쿠자와 유키치(福沢諭吉)

円(通貨)

紙幣

硬貨

어휘

海苔(のり)	김	焼(や)き肉(にく)	불고기
そば定食(ていしょく)	소바정식	トンカツ定食(ていしょく)	돈가스 정식
ビーフステーキ	비프 스테이크	ホットコーヒー	뜨거운 커피
おしぼり	물수건	食事(しょくじ)	식사

단어쓰기

1 다음 한자를 히라가나로 쓰세요.

① お茶　　➡ _____

② 女性　　➡ _____

③ 人気　　➡ _____

④ お探し　➡ _____

⑤ お土産　➡ _____

⑥ 定食　　➡ _____

2 다음 단어를 일본어로 쓰세요.

① 면세점　　➡ _____

② 여러 가지　➡ _____

③ 추천　　　➡ _____

④ 유자차　　➡ _____

⑤ 얼마　　　➡ _____

⑥ 술　　　　➡ _____

⑦ 유명하다　➡ _____

⑧ 거스름돈　➡ _____

제13과　これは おいくらですか。

연습하기

1 예와 같이 바꿔 보세요.

> A : (お茶、ゆず茶)
> 　　お茶は　いかがですか。　ゆず茶が　お勧めです。
> B : それに　します。

① A : (韓国料理、ビビンバ)

　　_____。

　B : それに　します。

② A : (和食、トンカツ定食)

　　_____。

　B : それに　します。

③ A : (ビール、生ビール)

　　_____。

　B : それに　します。

④ A : (お飲み物、つめたい ジュース)

　　_____。

　B : それに　します。

2 다음 단어를 이용하여 대화를 완성하세요

① 料金・往復 $600

A : ソウルから東京までの＿＿＿＿＿＿は

B : ＿＿＿＿＿＿＿＿＿＿＿＿＿＿＿＿。

② 財布・¥13,670

A : 青い＿＿＿＿＿＿＿＿＿＿＿＿は

B : ＿＿＿＿＿＿＿＿＿＿＿＿＿＿＿＿。

③ 赤ワイン・₩43,600 / 白ワイン・₩24,900

A : ＿＿＿＿＿＿＿＿＿＿＿＿＿＿＿は

B : 二本で＿＿＿＿＿＿＿＿＿＿＿＿。

④ おにぎり・¥105

A : ＿＿＿＿＿＿＿＿＿＿＿＿＿＿＿は

B : 三つで＿＿＿＿＿＿＿＿＿＿＿＿。

어휘

韓国料理(かんこくりょうり)	한국요리	ビビンバ	비빔밥
和食(わしょく)	일본식 식사	生ビール	생맥주
飲(の)み物(もの)	음료	つめたい	차갑다
料金(りょうきん)	요리	往復(おうふく)	왕복
青(あお)い	파랗다	財布(さいふ)	지갑
赤(あか)ワイン	적포도주	白(しろ)ワイン	백포도주
おにぎり	주먹밥		

말하고 써보기

 일본어로 말하고 써보세요.

① 한국 기념품으로 무엇이 좋습니까?

　➡ _____

② 유자차는 어떻습니까?

　➡ _____

③ 일본 여성분들에게 인기가 있습니다.

　➡ _____

④ 무언가 찾으십니까?

　➡ _____

⑤ 4,500원의 거스름 돈 입니다.

　➡ _____

14과

空港から 新宿まで 何で 行きますか。

공항에서 신주쿠까지 무엇으로 갑니까?

イ 李	成田空港には いつ 着きますか。
やまだ 山田	午後 7時 40分に 到着します。
イ 李	空港から 新宿まで 何で 行きますか。
やまだ 山田	リムジンバスで 行きます。
イ 李	どれぐらい かかりますか。
やまだ 山田	1時間 30分 ぐらいです。

어휘			
成田(なりた)	나리타	着(つ)く	도착하다
午後(ごご)	오후	7時(しちじ)	7시
40分(よんじゅっぷん)	40분	到着(とうちゃく)する	도착하다
新宿(しんじゅく)	신주쿠	何(なに)で	무엇으로
どれぐらい	어느 정도	かかる	걸리다
1時間(いちじかん)	1시간	30分(さんじゅっぷん)	30분
ぐらい	정도, 쯤		

やまだ
山田　李さん、どこへ 行きますか。

イ
李　銀座に 行きます。

やまだ
山田　銀座で 何を しますか。

イ
李　買い物と 食事を します。

やまだ
山田　ホテルには 何時ごろ 帰りますか。

イ
李　7時ごろ 帰ります。

어휘			
ーへ	ー에	行(い)く	가다
銀座(ぎんざ)	긴자	する	하다
買(か)い物(もの)	쇼핑	食事(しょくじ)	식사
ーごろ	ー경, 쯤	帰(かえ)る	돌아가다, 돌아오다

문형익히기

동사 종류

동사란 사람이나 사물의 동작, 작용, 상태, 존재 등을 나타낸다. 일본어 동사는 모두 [u] 모음으로 끝나며 모양에 따라 3종류 —1그룹, 2그룹, 3그룹— 으로 나누어진다.

(1) 1그룹동사 — 끝소리가 「る」로 끝나지 않는 동사

끝소리가 「る」로 끝나는 동사의 경우, 그 앞의 음이 [a] [u] [o]인 동사

買う 사다   行く 가다   泳ぐ 수영하다   話す 대화하다

持つ 들다   死ぬ 죽다   遊ぶ 놀다   飲む 마시다

通る 지나가다

> Cf 知る 알다   走る 달리다
>
> 　　入る 들어가다, 들어오다   帰る 돌아가다, 돌아오다
>
> 　　要る 필요하다   切る 자르다

(2) 2그룹동사 — 끝소리가 「る」로 끝나며 그 앞의 음이 [i] [e]인 동사

見る 보다   起きる 일어나다   食べる 먹다   教える 가르치다

(3) 3그룹동사 — する 하다   来る 오다

─ます ─ません　　　　　─합니다 ─하지 않습니다

동사의 정중형에는 「─ます」를, 부정할 때에는 「─ません」을 붙인다.

(1) 1그룹동사 ─ 끝소리 [u]를 [i]로 고치고 「ます」「ません」을 붙인다.

　　　　　買う　　　　　買います　　　　　買いません
　　　　　話す　　　　　話します　　　　　話しません
　　　　　通る　　　　　通ります　　　　　通りません

　　　　　水を　飲みます。
　　　　　彼を　待ちます。

(2) 2그룹동사 ─ 끝소리 「る」를 떼고 「ます」「ません」을 붙인다.

　　　　　見る　　　　　見ます　　　　　見ません
　　　　　食べる　　　　食べます　　　　食べません

　　　　　朝、6時に　起きます。
　　　　　お肉は　食べません。

(3) 3그룹동사 ─ 불규칙 활용

　　　　　する　　　　　します　　　　　しません
　　　　　来る　　　　　来ます　　　　　来ません

　　　　　毎日　運動します。
　　　　　山田さんは　来ません。

제14과　**空港から　新宿まで　何で　行きますか。**

기본형	종류	—ます	—ません
買う			
会う			
書く			
泳ぐ			
話す			
持つ			
死ぬ			
遊ぶ			
飲む			
乗る			
帰る			
見る			
食べる			
起きる			
する			
来る			

ーで	ー(으)로

수단이나 도구를 나타낼 때 조사 「で」를 사용한다.

　　英語で　話します。
　　地下鉄で　行きます。
　　鉛筆で　書きます。

일본문화 알아두기 일본의 종교

　일본인은 많은 신을 섬기고 있다. 일본의 종교 신자 수는 신도(神道)계가 약 1억 600만 명, 불교계가 약 9,600만 명, 기독교가 약 200만 명, 그 밖의 종교가 1100만 명, 총 2억 1500만 명이며, 이는 일본의 인구보다 두 배나 많은 수이다. 일반 가정에서 불상을 두고 기도하거나 조상에게 절을 한다. 새해를 맞을 때는 신사에서, 결혼식은 교회에서, 장례식은 절에서 하는 등 다양한 종교가 복합적으로 나타나 있다.

어휘			
彼(かれ)	그(그 남자)	待(ま)つ	기다리다
朝(あさ)	아침	お肉(にく)	고기
毎日(まいにち)	매일	運動(うんどう)する	운동하다
英語(えいご)	영어	地下鉄(ちかてつ)	지하철
鉛筆(えんぴつ)	연필	書(か)く	쓰다

제14과　空港から　新宿まで　何で　行きますか。

단어쓰기

1 다음 한자를 히라가나로 쓰세요.

① 着く ➡ _____

② 買い物 ➡ _____

③ 午後 ➡ _____

④ 食事 ➡ _____

⑤ 時間 ➡ _____

⑥ 銀座 ➡ _____

2 다음 단어를 일본어로 쓰세요.

① 어느 정도 ➡ _____

② 하다 ➡ _____

③ 걸리다 ➡ _____

④ 언제 ➡ _____

⑤ 가다 ➡ _____

⑥ 도착 ➡ _____

⑦ 돌아가다 ➡ _____

⑧ 리무진버스 ➡ _____

연습하기

1 예와 같이 바꿔 보세요.

예

パンを買う

A : パンを 買いますか。
B : はい、買います。
　　いいえ、買いません。

① プールで泳ぐ

A : ＿＿＿＿＿＿＿＿＿＿＿＿＿＿＿＿＿。
B : ＿＿＿＿＿＿＿＿＿＿＿＿＿＿＿＿＿。
　　＿＿＿＿＿＿＿＿＿＿＿＿＿＿＿＿＿。

② 日本語の勉強をする

A : ＿＿＿＿＿＿＿＿＿＿＿＿＿＿＿＿＿。
B : ＿＿＿＿＿＿＿＿＿＿＿＿＿＿＿＿＿。
　　＿＿＿＿＿＿＿＿＿＿＿＿＿＿＿＿＿。

③
テレビを見る

A : ＿＿＿＿＿＿＿＿＿＿＿＿＿＿＿＿＿。
B : ＿＿＿＿＿＿＿＿＿＿＿＿＿＿＿＿＿。
　　＿＿＿＿＿＿＿＿＿＿＿＿＿＿＿＿＿。

④
お風呂に入る

A : ＿＿＿＿＿＿＿＿＿＿＿＿＿＿＿＿＿。
B : ＿＿＿＿＿＿＿＿＿＿＿＿＿＿＿＿＿。
　　＿＿＿＿＿＿＿＿＿＿＿＿＿＿＿＿＿。

제14과　空港から 新宿まで 何で 行きますか。

2 예와 같이 바꿔 보세요.

예

A：何を 食べますか。
B：ラーメンを 食べます

何を食べる・ラーメン

①

A：＿＿＿＿＿＿＿＿＿＿＿。
B：＿＿＿＿＿＿＿＿＿＿＿。

何時に帰る・4時

②

A：＿＿＿＿＿＿＿＿＿＿＿。
B：＿＿＿＿＿＿＿＿＿＿＿。

どこで待つ・コーヒーショップ

③

A：＿＿＿＿＿＿＿＿＿＿＿。
B：＿＿＿＿＿＿＿＿＿＿＿。

誰に会う・友達

④

A：＿＿＿＿＿＿＿＿＿＿＿。
B：＿＿＿＿＿＿＿＿＿＿＿。

どこに行く・トイレ

어휘			
パン	빵	プール	풀, 수영장
日本語(にほんご)	일본어	勉強(べんきょう)する	공부하다
テレビ	텔레비전	お風呂(ふろ)に入(はい)る	목욕하다
ラーメン	라면	コーヒーショップ	커피숍
会(あ)う	만나다	トイレ	화장실

말하고 써보기

 일본어로 말하고 써보세요.

① 나리타공항에는 언제 도착합니까?

　➡ _____

② 공항에서 신주쿠까지 어느 정도 걸립니까?

　➡ _____

③ 긴자에서 무엇을 합니까?

　➡ _____

④ 쇼핑과 식사를 합니다.

　➡ _____

⑤ 호텔에는 몇 시경에 돌아옵니까?

　➡ _____

15과

韓国で 何が したいですか。
한국에서 무엇을 하고 싶습니까?

李　　韓国(かんこく)で 何(なに)が したいですか。

山田(やまだ)　買(か)い物(もの)に 行(い)きたいです。

　　　　そして 焼肉(やきにく)も 食(た)べたいです。

李　　知(し)り合(あ)いは いますか。

山田(やまだ)　はい、友達(ともだち)が います。

　　　　はやく 友達(ともだち)に 会(あ)いたいです。

어휘			
ーたい	(하고) 싶다	買(か)い物(もの)	쇼핑
行(い)く	가다	そして	그리고
焼(や)き肉(にく)	불고기	食(た)べる	먹다
知(し)り合(あ)い	지인	友達(ともだち)	친구
はやく	빨리, 일찍	会(あ)う	만나다

イ 山田さん、夏休みには 何を する 予定ですか。

山田 友達と プサンへ 遊びに 行く 予定です。

イ 飛行機で 行きますか。

山田 いいえ、今回は KTXに 乗りたいです。
　　　おすすめの 観光地は どこですか。

イ 海水浴場で 有名な ヘウンデです。

山田 いつか あそこで 泳ぎたいですね。

夏休(なつやす)み	여름방학	予定(よてい)	예정
遊(あそ)ぶ	놀다	－に	－하러
今回(こんかい)	이번	乗(の)る	타다
おすすめ	추천	観光地(かんこうち)	관광지
海水浴場(かいすいよくじょう)	해수욕장	有名(ゆうめい)だ	유명하다
ヘウンデ	해운대	いつか	언젠가
泳(およ)ぐ	헤엄치다		

문형익히기

| −たい | −하고 싶다 |

「たい」는 희망을 나타내는 표현으로 동사의 「ます」형에 접속한다.
い형용사와 같은 형태로 활용한다.

기본형	긍정형	부정형
行く	行きたいです	行きたくありません
食べる	食べたいです	食べたくありません
する	したいです	したくありません

冷たい 水が 飲みたいです。
いい 会社に 就職したいです。

はやく 帰りたくありません。
朝 はやく 起きたくありません。

| −に 行く | −하러 가다 |

「に」는 목적을 나타내며 앞에는 동작성 명사나 동사의 「ます」형이 온다.

公園へ 散歩に 行きます。
友達の家へ 遊びに 行きます。

－予定だ　　　　　　　　　　　　　　－할 예정이다

동사의 기본형 다음에 「予定だ」를 붙여 앞으로의 예정을 나타낸다.

来週、国へ　帰る予定です。

彼女は　英語の面接を　受ける予定です。

일본문화 알아두기　축제(祭り)

마쓰리는 풍작과 지역의 안녕을 기원하기 위해서 시작된 일본고유의 민속신앙 의식이라 할 수 있다. 풍작의 신을 부르기 위해 마을 사람들이 모여서 축제를 하는 모습은 일본고대부터 내려오는 풍습이다. 일본의 3대 마쓰리는 교토(京都)의 기온(祇園)마쓰리, 오사카(大阪)의 덴진(天神)마쓰리, 도쿄(東京)의 간다(神田)마쓰리로 개최기간에는 세계 여러 나라의 관광객이 방문하는 축제의 장이 된다. 최근에는 관광객을 모으는 것을 목적으로 만들어진 삿포로(札幌) 눈 축제, 즉 유키(雪) 마쓰리가 유명하다.

어휘			
冷(つめ)たい	차갑다	就職(しゅうしょく)する	취직하다
朝(あさ)	아침	起(お)きる	일어나다
公園(こうえん)	공원	散歩(さんぽ)	산책
家(うち)	집	帰(かえ)る	돌아가다
来週(らいしゅう)	다음주	彼女(かのじょ)	그녀
面接(めんせつ)	면접	受(う)ける	받다, (시험을)보다

단어쓰기

1 다음 한자를 히라가나로 쓰세요.

① 夏休み ➡ _____

② 就職 ➡ _____

③ 今回 ➡ _____

④ 公園 ➡ _____

⑤ 観光地 ➡ _____

⑥ 海水浴場 ➡ _____

2 다음 단어를 일본어로 쓰세요.

① 빨리 ➡ _____

② 면접 ➡ _____

③ 언젠가 ➡ _____

④ 타다 ➡ _____

⑤ 예정 ➡ _____

⑥ 놀다 ➡ _____

⑦ 만나다 ➡ _____

⑧ 헤엄치다 ➡ _____

연습하기

1 예와 같이 바꿔 보세요.

예

A : すしが 食べたいですか。
B : はい、食べたいです。
　　いいえ、食べたくありません。

すしを食べる

① カメラを買う

A : ＿＿＿＿＿＿＿＿＿＿＿＿＿＿＿＿＿＿。
B : はい、＿＿＿＿＿＿＿＿＿＿＿＿＿＿。
　　いいえ、＿＿＿＿＿＿＿＿＿＿＿＿。

②
コーヒーを飲む

A : ＿＿＿＿＿＿＿＿＿＿＿＿＿＿＿＿＿＿。
B : はい、＿＿＿＿＿＿＿＿＿＿＿＿＿＿。
　　いいえ、＿＿＿＿＿＿＿＿＿＿＿＿。

③
日本へ行く

A : ＿＿＿＿＿＿＿＿＿＿＿＿＿＿＿＿＿＿。
B : はい、＿＿＿＿＿＿＿＿＿＿＿＿＿＿。
　　いいえ、＿＿＿＿＿＿＿＿＿＿＿＿。

④
飛行機に乗る

A : ＿＿＿＿＿＿＿＿＿＿＿＿＿＿＿＿＿＿。
B : はい、＿＿＿＿＿＿＿＿＿＿＿＿＿＿。
　　いいえ、＿＿＿＿＿＿＿＿＿＿＿＿。

제15과　**韓国で 何が したいですか。**

2 예와 같이 바꿔 보세요.

예
A : どこへ 行きたいですか。
B : 居酒屋へ お酒を 飲みに 行きたいです。

居酒屋・お酒・飲む

①

京都・祭り・見る

A : どこへ 行きたいですか。
B : ＿＿＿＿＿＿＿＿＿＿＿＿＿＿＿。

②

ドイツ・ビール・飲む

A : どこへ 行きたいですか。
B : ＿＿＿＿＿＿＿＿＿＿＿＿＿＿＿。

③

大阪・友達・会う

A : どこへ 行きたいですか。
B : ＿＿＿＿＿＿＿＿＿＿＿＿＿＿＿。

④

デパート・買い物・する

A : どこへ 行きたいですか。
B : ＿＿＿＿＿＿＿＿＿＿＿＿＿＿＿。

어휘			
カメラ	카메라	乗(の)る	타다
居酒屋(いざかや)	술집	祭(まつ)り	축제
見(み)る	보다	ドイツ	독일
大阪(おおさか)	오사카	会(あ)う	만나다
デパート	백화점	買(か)い物(もの)	쇼핑

말하고 써보기

 일본어로 말하고 써보세요.

① 한국에서 무엇을 하고 싶습니까?

➡ _____

② 물건사러(쇼핑하러) 가고 싶습니다.

➡ _____

③ 빨리 친구를 만나고 싶습니다.

➡ _____

④ 추천할 관광지는 어디입니까?

➡ _____

⑤ 친구와 부산에 놀러 갈 예정입니다.

➡ _____

부록

1. 본문해석
2. 연습문제 풀이

1. 본문해석

▎1과 2과 일본어문자와 발음(1)(2) 본문해석 생략

3과 처음 뵙겠습니다

【회화 1】
- 기본인사: 안녕하세요. (아침, 점심, 저녁)
- 잠잘 때: 안녕히 주무세요.
- 헤어질 때: 그러면 또 봐요. 잘 가세요.
- 감사할 때: 감사합니다, 천만에요.
- 사과할 때: 미안합니다. 죄송합니다. 너무 죄송합니다.
- 외출할 때: 다녀오겠습니다. 다녀오세요.
- 귀가할 때: 다녀왔습니다. 어서 오세요.
- 식사할 때: 잘 먹겠습니다. 잘 먹었습니다.

【회화 2】
- 李   처음 뵙겠습니다. 저는 이00입니다. 부디 잘 부탁합니다.
- 山田   처음 뵙겠습니다. 저는 야마다라고 합니다.
         이쪽이야 말로 잘 부탁합니다.

4과 이것은 무엇입니까?

【회화 1】
- 李   이것은 무엇입니까?
- 山田   그것은 신문입니다.
- 李   이것도 신문입니까?
- 山田   아니요, 그것은 잡지입니다.

【회화 2】
- 李   이것은 무엇입니까?
- 山田   그것은 여권입니다.
- 李   이것도 여권입니까?
- 山田   아니요, 그것은 탑승권입니다.

5과　당신은 일본인입니까

【회화 1】
李　　　당신은 일본인 입니까?
山田　　네, 그렇습니다.
　　　　이○○씨는 중국인 입니까?
李　　　아니오, 저는 중국인이 아닙니다. 한국인입니다.

【회화 2】
山田　　이○○씨 고향은 어디입니까? (어느 나라 분입니까?)
李　　　한국입니다.
山田　　그렇습니까? 회사원입니까?
李　　　아니요, 저는 회사원이 아닙니다. 승무원입니다.

6과　이것은 당신의 항공권입니까

【회화 1】
李　　　이것은 누구의 항공권입니까?
山田　　그것은 저의 항공권입니다.
李　　　이것도 야마다씨의 입국카드입니까?
山田　　아니요, 그렇지 않습니다.

【회화 2】
李　　　실례합니다만, 손님은 일본 분이십니까?
王　　　아니요, 저는 일본인이 아닙니다. 중국인입니다.
李　　　이것은 손님의 짐입니까?
王　　　아니요, 그렇지 않습니다.
李　　　이것은 누구 것입니까?
王　　　그것은 야마다씨의 것입니다.

7과　이 비행기의 출발은 몇 시 몇 분입니까?

【회화 1】
손님　　　이 비행기는 대한항공입니까?
승무원　　아니요, 그 비행기는 일본항공입니다.
손님　　　실례합니다만, 이 비행기는 서울행입니까?
승무원　　아니요, 그 비행기는 동경행입니다.

【회화 2】
손님　　　이 비행기의 출발은 몇 시 몇 분입니까?
승무원　　오후 7시 30분 출발입니다.
손님　　　나리타공항에는 몇 시 몇 분 도착입니까?
승무원　　9시 50분 예정입니다.

8과   한국의 여름도 덥군요

【회화 1】
- 山田   한국은 일본에서 가깝네요.
- 李   한국여행은 처음입니까?
- 山田   네, 그렇습니다.
         한국의 여름도 덥네요.
- 李   일본의 겨울은 어떻습니까?
- 山田   한국보다 그다지 춥지 않습니다.

【회화 2】
- 손님   저기 죄송합니다. 기내가 좀 춥습니다만,
         따뜻하고 가벼운 담요를 주세요.
- 승무원 네, 알겠습니다.
         뜨거운 커피는 어떠십니까?
- 손님   커피는 됐습니다.
         녹차를 주세요.

9과   공항에서 호텔까지 교통은 편리합니까?

【회화 1】
- 山田   공항에서 호텔까지 교통은 편리합니까?
- 李   아니요, 그다지 편리하지 않습니다.
         조금 불편합니다.
         하지만, 대한호텔은 꽤 멋진 호텔입니다.
         방도 깨끗하고 서비스도 좋습니다.

【회화 2】
- 李   인천공항은 국제공항입니다.
         언제나 붐빕니다(활기찹니다).
- 山田   인천공항은 넓습니까?
- 李   네, 인천공항은 넓고 안내서비스가 좋습니다.
         공항 면세점도 깨끗하고 친절합니다.
- 山田   이○○씨는 여행을 좋아하십니까?
- 李   네, 아주 좋아합니다.

10과   스즈키씨는 면세점에 있습니다.

【회화 1】
- 山田   여보세요, 이○○씨 어디에 있습니까?
- 李   공항 커피숍입니다.

山田　　스즈키씨도 함께입니까?
　　李　　　아니요, 스즈키씨는 없습니다.
　　　　　　스즈키씨는 면세점에 있습니다.

【회화 2】
　　山田　　이○○씨 어디에 있습니까?
　　李　　　출국라운지에 있습니다.
　　　　　　야마다씨는 어디입니까?
　　山田　　5번게이트 탑승구 앞의 면세점에 있습니다.
　　李　　　출국라운지에서 멉니까?
　　山田　　아니요, 그다지 멀지 않습니다.

11과　어서 오십시오, 몇 분이십니까?

【회화 1】
　　점원　　어서 오십시오. 몇 분이십니까?
　　손님　　두 사람입니다.
　　점원　　이쪽으로 오세요.
　　　　　　음료는 무엇으로 하시겠습니까?
　　손님　　커피 둘과 녹차 하나 주세요.
　　점원　　다른 주문은 없으십니까?
　　손님　　괜찮습니다.
　　점원　　네, 알겠습니다.

【회화 2】
　　GS　　　어서 오십시오.
　　　　　　여권과 티켓을 부탁드립니다.
　　　　　　손님, KE702편 동경행이시군요.
　　　　　　맡기실 짐은 몇 개입니까?
　　손님　　하나입니다.
　　GS　　　깨질 물건은 없으십니까?
　　손님　　없습니다.
　　GS　　　탑승구는 15번입니다. 좌석은 25C입니다.

12과　한국에서의 체재는 언제부터 언제까지 입니까

【회화 1】
　　李　　　한국에서의 체재는 언제부터 언제까지입니까?
　　山田　　4월 5일에서 10일까지입니다.
　　李　　　한국은 처음입니까?

山田	아니오, 두 번째 입니다.
	이번은 출장이 아니고 여행입니다.
李	그것은 다행이군요.

【회화 2】

李	예약을 부탁드립니다.
GS	어느 쪽으로 가십니까?
李	일본 동경입니다.
GS	나리타공항입니까?
李	아니요, 하네다입니다.
GS	(비행기는) 언제 편을 희망하십니까?
李	8월 14일 수요일 오후 7시편입니다.
GS	몇 분이십니까?
李	한 사람입니다.
GS	성함과 전화번호를 부탁드립니다.

13과 이것은 얼마입니까?

【회화 1】

손님	공항 면세점에도 여러 가지 기념품이 있군요.
	한국의 기념품으로 뭐가 좋습니까?
점원	유자차는 어떻습니까?
	유자차는 일본여성분에게 인기가 있습니다.
손님	얼마입니까?
점원	8,500원입니다.
손님	그것을 주세요.
점원	네, 알겠습니다. 감사합니다.

【회화 2】

점원	어서 오십시오. 무언가 찾으십니까?
손님	한국 술은 없습니까?
점원	이쪽에 있습니다.
	안동소주을 권합니다. 한국에서 유명한 술입니다.
손님	얼마입니까?
점원	25,500원입니다.
손님	그럼 그걸로 하겠습니다. 30,000원입니다.
점원	네, 알겠습니다.
	4,500원의 거스름돈입니다.

14과   공항에서 신주쿠까지 무엇으로 갑니까?

【회화 1】
- 李　　나리타공항에는 언제 도착합니까?
- 山田　오후 7시40분에 도착합니다.
- 李　　공항에서 신주쿠까지 무엇으로 갑니까?
- 山田　리무진버스로 갑니다.
- 李　　어느 정도 걸립니까?
- 山田　1시간 30분정도 입니다.

【회화 2】
- 山田　이○○씨 어디에 가십니까?
- 李　　긴자에 갑니다.
- 山田　긴자에서 무엇을 합니까?
- 李　　쇼핑과 식사를 합니다.
- 山田　호텔에는 몇 시쯤 돌아옵니까?
- 李　　7시쯤 돌아옵니다.

15과   한국에서는 무엇을 하고 싶습니까?

【회화 1】
- 李　　한국에서 무엇을 하고 싶습니까?
- 山田　쇼핑하러 가고 싶습니다.
  　　　그리고 불고기도 먹고 싶습니다.
- 李　　지인은 있습니까?
- 山田　네, 친구가 있습니다.
  　　　빨리 친구를 만나고 싶습니다.

【회화 2】
- 李　　야마다씨, 여름방학에는 무엇을 할 예정입니까?
- 山田　친구와 부산에 놀러 갈 예정입니다.
- 李　　비행기로 가십니까?
- 山田　아니요, 이번에는 KTX를 타고 싶습니다.
  　　　추천 할 관광지는 어디입니까?
- 李　　해수욕장으로 유명한 해운대입니다.
- 山田　언젠가 거기에서 헤엄치고 싶군요.

2. 연습문제 풀이

▎1과 2과 연습문제 생략

3과 はじめまして

【연습하기】

1. 안녕히 주무세요. ─ おやすみなさい。
   다녀 오겠습니다. ─ いってきます。
   다녀 오세요. ─ いっていらっしゃい。
   다녀 왔습니다. ─ ただいま。
   어서 오세요. ─ おかえりなさい。
   잘 먹겠습니다. ─ いただきます。
   잘 먹었습니다. ─ ごちそうさまでした。

2. ① はじめまして。金です。どうぞ よろしく お願いします。
   　はじめまして。田中です。 こちらこそ よろしく お願いします。
   ② はじめまして。伊藤です。どうぞ よろしく お願いします。
   　はじめまして。安部です。 こちらこそ よろしく お願いします。
   ③ はじめまして。朴です。どうぞ よろしく お願いします。
   　はじめまして。鈴木です。 こちらこそ よろしく お願いします。
   ④ はじめまして。林です。どうぞ よろしく お願いします。
   　はじめまして。山田です。 こちらこそ よろしく お願いします。

【말하고 써보기】
   ① おはようございます。　こんにちは。　こんばんは。
   ② もうしわけございません。
   ③ ありがとうございます。／どういたしまして
   ④ はじめまして
   ⑤ こちらこそ よろしく お願いします。

4과 これは 何ですか。

【단어쓰기】

1. ① なに　　② ざっし　　③ しんぶん　　④ とうじょうけん
2. ① わたし　② どれ　　③ だいがくせい　④ かいしゃいん
   ⑤ せんせい　⑥ パスポート　⑦ きゃくしつじょうむいん　⑧ こうくうけん

【연습하기】
1. ① お名前は 何ですか。 ② 趣味は 何ですか。
   ③ お仕事は 何ですか。 ④ 専攻は 何ですか。
2. ① それは 入国カードです。 ② これは お水です。
   ③ あれは お茶です。 ④ これは 薬です。

【말하고 써보기】
① これは 何ですか。
② それは パスポートです。
③ これも 搭乗券ですか。
④ いいえ、それは 新聞です。
⑤ あれは 雑誌ですか。

5과　あなたは 日本人ですか。

【단어쓰기】
1. ① かんこくじん　② かいしゃいん　③ おくに　④ にほんじん
2. ① あなた　② どちら　③ おすまい　④ ちゅうごくじん
   ⑤ じょうむいん　⑥ トイレ

【연습하기】
1. ① はい、わたしは アメリカ人です。
      いいえ、わたしは アメリカ人ではありません。
   ② はい、山田さんは 乗務員です。
      いいえ、山田さんは 乗務員ではありません。
   ③ はい、そこ(ここ：상황에 따라)は 羽田空港です。
      いいえ、そこ(ここ：상황에 따라)は 羽田空港ではありません。
   ④ はい、山田さんは 大学生です。
      いいえ、山田さんは 大学生ではありません。
2. ① いいえ、それは パスポートではありません。搭乗券です。
   ② いいえ、これは ペンではありません。鉛筆です。
   ③ いいえ、あれは コーヒーではありません。紅茶です。
   ④ いいえ、あれは 入国カードではありません。航空券です。

【말하고 써보기】
① あなたは 日本人ですか。
② わたしは 日本人ではありません。韓国人です。
③ お国は どちらですか。
④ わたしは 乗務員です。
⑤ 山田さんは 会社員ではありません。乗務員です。

6과   これは あなたの航空券ですか。

【단어쓰기】
1. ① こうくうけん　② しつれい　③ にもつ　④ だれ
2. ① おきゃくさま　② だいがく　③ ともだち　④ にほんのかた
　 ⑤ トイレ　　　　⑥ にゅうこくカード

【연습하기】
1. ① これは　日本の新聞です。
　 ② スミスさんは　アメリカの方です。
　 ③ 伊藤さんは　私の先輩です。
　 ④ これは　私の搭乗券です。
2. ① それは　先生のです。
　 ② あれは　伊藤さんのです。
　 ③ これは　わたしのです。
　 ④ それは　朴さんのです。

【말하고 써보기】
　 ① これは　だれのですか。
　 ② あなたの航空券ですか。
　 ③ いいえ、そうではありません。それは　山田さんのです。
　 ④ あれは　李〇〇さんの入国カードです。
　 ⑤ これは　お客さまのお荷物ですか。

7과   この飛行機の出発は 何時何分ですか。

【단어쓰기】
1. ① こうくう　② ひこうき　③ しゅっぱつ　④ とうちゃく
　 ⑤ なんじ　　⑥ なんぷん
2. ① とうきょう　② なりたくうこう　③ いま　　④ よてい
　 ⑤ ごご　　　　⑥ しつれい　　　　⑦ ソウルゆき　⑧ ひこうちゅう

【연습하기】
1. ① はちじ　ごふんです。　　　② じゅうにじ　よんじゅっぷんです。
　 ③ さんじ　にじゅっぷんです。　④ よじ　さんじゅっぷんです。
2. ① ごぜん　くじ　じゅうごふんの出発です。
　 ② ごご　じゅうじ　ごじゅっぷんの出発です。
　 ③ ごぜん　しちじ　よんじゅうごふんの到着です。
　 ④ ごご　よじ　にじゅっぷんの到着です。

【말하고 써보기】
　 ① この飛行機は　大韓航空ですか。
　 ② 失礼ですが　この飛行機は　ソウルゆきですか。

③ この飛行機の　出発は　ごご　ごじ　にじゅっぷんです。
④ 到着は　くじ　ごじゅっぷんの予定です。
⑤ 成田空港には　何時　何分の到着ですか。

8과　韓国の夏も　暑いですね。

【단어쓰기】
1. ① りょこう　　② もうふ　　　③ なつ　　　　④ ふゆ
   ⑤ さむい　　　⑥ あつい
2. ① てんき　　　② かるい　　　③ おいしい　　④ きもち
   ⑤ どう(いかが)ですか ⑥ けっこうです　⑦ ホットコーヒー　⑧ サービス

【연습하기】
1. ① はい、とても　おもしろいです。
   　いいえ、あまり　おもしろくありません。
　② はい、とても　いいです。
   　いいえ、あまり　よくありません。
　③ はい、とても　楽しいです。
   　いいえ、あまり　楽しくありません。
　④ はい、とても　重いです。
   　いいえ、あまり　重くありません。
2. ① コーヒーは　温かくて　おいしいです。
　② 部屋は　暗くて　寒いです。
　③ このケータイは　画面が　大きくて　いいです。
　④ このりんごは　やすくて　おいしいです。
3. ① 紅茶をください　　　　　② ジュースをください
　③ 雑誌をください　　　　　④ 毛布をください

【말하고 써보기】
　① 韓国は　日本から　近いですね。
　② 韓国旅行は　はじめてですか。
　③ すこし　寒いですが、暖かくて　軽い毛布をください。
　④ コーヒーは　けっこうです。お茶をください。
　⑤ 日本の冬は　あまり　寒くありません。

9과　空港からホテルまで交通は便利ですか。

【단어쓰기】
1. ① こうつう　　② べんりだ　　③ へや　　　　④ かんこくりょうり
   ⑤ いちばん　　⑥ きない
2. ① こくさい　　② なかなか　　③ しんせつだ　④ ふべんだ

⑤ すきだ　　　⑥ きれいだ　　　⑦ ホテル　　　⑧ すてきだ

【연습하기】
1. ① はい、とても　きれいです。
　　　いいえ、あまり　きれいではありません。
　② はい、とても　親切です。
　　　いいえ　あまり　親切ではありません。
　③ はい、とても　簡単です。
　　　いいえ、あまり　簡単ではありません。
　④ はい、とても　便利です。
　　　いいえ、あまり　便利ではありません。
2. ① 鈴木さんは　ゆうめいな　人です。
　② 京都は　きれいな　ところです。
　③ 李さんは　元気な　人です。
　④ 仁川空港は　にぎやかな　ところです。
3. ① 東京の地下鉄は　便利で　きれいです。
　② 山田さんは　まじめで　親切です。
　③ 京都は　きれいで　静かです。
　④ 国際線ターミナルは　にぎやかで　複雑です。

【말하고 써보기】
① 空港からホテルまで　交通は　便利ですか。
② いいえ、あまり　便利ではありません。すこし　不便です。
③ 部屋も　きれいで　サービスもいいです。
④ 仁川空港は　広くて　案内サービスがいいです。
⑤ 空港の免税店は　きれいで　親切です。

10과　鈴木さんは 免税店に います。

【단어쓰기】
1. ① いっしょ　　② とうじょうぐち　　③ しゅっこく　　④ とおい
　⑤ くうこう　　⑥ めんぜいてん
2. ① もしもし　　② まえ　　③ きゃくしつ　　④ ざせき
　⑤ あんないしょ　⑥ ともだち　⑦ コーヒーショップ　⑧ デパート

【연습하기】
1. ① 李さんは　車の中に　います。
　② 猫は　いすの下に　います。
　③ りんごは　冷蔵庫の中に　あります。
　④ 手荷物は　上の棚に　あります。
2. ① いません　　② あります　　③ います　　④ あります
　⑤ ありません

【말하고 써보기】
　① 李〇〇さんは　どこに　いますか。
　② 山田さんは　空港のコーヒーショップに　います。
　③ 朴さんは　免税店に　いません。
　④ 金〇〇さんは　5番ゲート　搭乗口の前の　免税店に　います。
　⑤ 出国ラウンジから　遠いですか。

11과　いらっしゃいませ。何名様ですか。

【단어쓰기】
1. ① なんめいさま　② とうじょうぐち　③ のみもの　　　　④ ふたり
　 ⑤ おちゃ　　　　⑥ ちゅうもん
2. ① ひとつ　　　　② いくつ　　　　　③ なさいますか　　④ ほかに
　 ⑤ われもの　　　⑥ おあずけのにもつ　⑦ あんぜんあんないしょ　⑧ ぜいかんしんこくしょ

【연습하기】
1. ① ひとつ、ひとつ　② さんにん　　　　③ さんぼん　　　　④ ろっぽん
2. ① ございます　　　② ございません　　③ ございません／ございません
　 ④ あります

【말하고 써보기】
　① いらっしゃいませ。何名様ですか。
　② お飲み物は　何に　なさいますか。
　③ ほかに　ご注文は　ございませんか。
　④ お預けの荷物は　いくつですか。
　⑤ 壊れ物は　ございませんか。

12과　韓国での　滞在は　いつから　いつまでですか。

【단어쓰기】
1. ① たいざい　　　② よやく　　　　③ しゅっちょう　　④ きぼう
　 ⑤ なまえ　　　　⑥ でんわばんごう
2. ① いつ　　　　　② じゅうよっか　③ はじめて　　　　④ なんめい
　 ⑤ はつか　　　　⑥ なんにち　　　⑦ なんがつ　　　　⑧ なんようび

【연습하기】
1. ① A：何月　何日　何曜日ですか。　B：くがつ　なのか　きんようびです。
　 ② A：何月　何日　何曜日ですか。　B：しがつ　みっか　かようびです。
　 ③ A：何月　何日　何曜日ですか。　B：じゅうにがつ　にじゅうごにち　にちようびです。
　 ④ A：何月　何日　何曜日ですか。　B：しちがつ　ついたち　げつようびです。
2. ① はい、昨日は　佐藤さんの誕生日でした。
　　　いいえ、昨日は　佐藤さんの誕生日ではありませんでした。

② はい、ここは　有名な　お寺でした。
　　いいえ、ここは　有名な　お寺ではありません。
③ はい、おとといは　いい天気でした。
　　いいえ、おとといは　いい天気ではありませんでした。
④ はい、先週は　出張でした。
　　いいえ、先週は　出張ではありませんでした。

【말하고 써보기】
① 韓国は　初(はじ)めてですか。
② 韓国での滞在(たいざい)は　いつから　いつまでですか。
③ 日本での滞在は　はちがつ　よっかから　とおかまでです。
④ どちらに　いらっしゃいますか。
⑤ お名前(なまえ)と電話番号(でんわばんごう)を　お願いします。

13과　これは　おいくらですか。

【단어쓰기】
1. ① おちゃ　　② じょせい　　③ にんき　　④ おさがし
　 ⑤ おみやげ　⑥ ていしょく
2. ① めんぜいてん　② いろいろ　③ おすすめ　　④ ゆずちゃ
　 ⑤ おいくら　　　⑥ おさけ　　⑦ ゆうめいだ　⑧ おかえし

【연습하기】
1. ① 韓国料理は　いかがですか。ビビンバが　おすすめです。
　 ② 和食は　いかがですか。　　トンカツ定食が　おすすめです。
　 ③ ビールは　いかがですか。　生ビールが　おすすめです。
　 ④ お飲み物は　いかがですか。つめたいジュースが　おすすめです。
2. ① A: 料金　　　　　　　　B: 往復(で)　ろっぴゃくドルです。
　 ② A: 財布　　　　　　　　B: いちまん　さんぜん　ろっぴゃく　ななじゅうえんです。
　 ③ A: 赤ワインと白ワイン　B: ろくまん　はっせん　ごひゃくウォンです。
　 ④ A: おにぎり　　　　　　B: さんびゃく　じゅうごえんです。

【말하고 써보기】
① 韓国のお土産(みやげ)で　何が　いいですか
② ゆず茶は　いかがですか
③ 日本の女性(じょせい)の方に　人気(にんき)があります
④ 何か　お探(さが)しですか。
⑤ よんせん　ごひゃくウォンのお返(かえ)しです。

14과　空港から 新宿まで 何で 行きますか。

【단어쓰기】
1. ① つく　　　② かいもの　　　③ ごご　　　④ しょくじ
　　⑤ じかん　　⑥ ぎんざ
2. ① どれぐらい　② する　　　　③ かかる　　④ いつ
　　⑤ いく　　　⑥ とうちゃく　　⑦ かえる　　⑧ リムジンバス

【연습하기】
1. ① A：プールで泳ぎますか。
　　　B：はい、プールで　泳ぎます。
　　　　いいえ、プールで　泳ぎません。
　② A：日本語の勉強をしますか。
　　　B：はい、日本語の勉強をします。
　　　　いいえ、日本語の勉強をしません。
　③ A：テレビを見ますか。
　　　B：はい、テレビを見ます。
　　　　いいえ、テレビを見ません。
　④ A：お風呂に入りますか。
　　　B：はい、お風呂に　入ります。
　　　　いいえ、お風呂に　入りません。
2. ① A：何時に　帰りますか。　　　B：よじに　帰ります。
　② A：どこで　待ちますか。　　　B：コーヒーショップで待ちます。
　③ A：だれに　会いますか。　　　B：友達に会います。
　④ A：どこに　行きますか。　　　B：トイレに行きます。

【말하고 써보기】
① 成田空港には　いつ　到着しますか。
② 空港から新宿まで　どれぐらい　かかりますか。
③ 銀座で　何をしますか。
④ 買い物と食事をします。
⑤ ホテルには　何時ごろ　帰りますか。

15과　韓国で 何が したいですか。

【단어쓰기】
1. ① なつやすみ　② しゅうしょく　③ こんかい　④ こうえん
　　⑤ かんこうち　⑥ かいすいよくじょう
2. ① はやく　　　② めんせつ　　　③ いつか　　　④ のる
　　⑤ よてい　　　⑥ あそぶ　　　　⑦ あう　　　　⑧ およぐ

【연습하기】
1. ① A：カメラが　買いたいですか。
　　　B：はい、買いたいです。　／　いいえ、買いたくありません。
　② A：コーヒーが　飲みたいですか。
　　　B：はい、飲みたいです。　／　いいえ、飲みたくありません。
　③ A：日本へ　行きたいですか。
　　　B：はい、行きたいです。　／　いいえ、行きたくありません。
　④ A：飛行機に　乗りたいですか。
　　　B：はい、乗りたいです。　／　いいえ、乗りたくありません。
2. ① 京都へ　祭りを　見に　行きたいです。
　② ドイツへ　ビールを　飲みに　行きたいです。
　③ 大阪へ　友達に　会いに　行きたいです。
　④ デパートへ　買い物をしに　行きたいです。

【말하고 써보기】
① 韓国で　何が　したいですか。
② 買い物に　行きたいです。
③ はやく　友達に　会いたいです。
④ おすすめの観光地は　どこですか。
⑤ 友達とプサンへ　遊びに　行く予定です。

저자약력

류정선

한국외국어대학교·동 대학원 일본문학 전공.
일본 나고야대학 일본문학 박사.
현) 인하공업전문대학 항공운항과 교수 (항공객실 일본어 담당)

공저『그로테스크로 읽는 일본문화』책세상, 2008
공저『(일본고전독회 편) 공간으로 읽는 일본고전문학』제이앤씨, 2013
공저『(일본고전독회 편) 에로티시즘으로 읽는 일본문화』제이앤씨, 2013

항공 기초일본어

초판 3쇄 발행 2021년 02월 26일

저 자	류 정 선
발 행 인	윤 석 현
발 행 처	제이앤씨
책임편집	최 인 노
등록번호	제7-220호

우편주소	서울시 도봉구 우이천로 353 성주빌딩
대표전화	02) 992 / 3253
전 송	02) 991 / 1285
홈페이지	http://jncbms.co.kr
전자우편	jncbook@hanmail.net

ⓒ 류정선, 2021. Printed in KOREA

ISBN 979-11-5917-037-9   13730   정가 14,500원

* 이 책의 내용을 사전 허가 없이 전재하거나 복제할 경우 법적인 제재를 받게 됨을 알려드립니다.
** 잘못된 책은 구입하신 서점이나 본사에서 교환해 드립니다.

가나쓰기
별책부록

소속 : _____

이름 : _____

히라가나(平仮名)

あ	か	さ	た	な	は	ま	や	ら	わ
a	ka	sa	ta	na	ha	ma	ya	ra	wa
い	き	し	ち	に	ひ	み		り	
i	ki	shi	chi	ni	hi	mi		ri	
う	く	す	つ	ぬ	ふ	む	ゆ	る	
u	ku	su	tsu	nu	hu	mu	yu	ru	
え	け	せ	て	ね	へ	め		れ	
e	ke	se	te	ne	he	me		re	
お	こ	そ	と	の	ほ	も	よ	ろ	を	ん
o	ko	so	to	no	ho	mo	yo	ro	wo	N

가타카나(片仮名)

ア	カ	サ	タ	ナ	ハ	マ	ヤ	ラ	ワ
a	ka	sa	ta	na	ha	ma	ya	ra	wa
イ	キ	シ	チ	ニ	ヒ	ミ		リ	
i	ki	shi	chi	ni	hi	mi		ri	
ウ	ク	ス	ツ	ヌ	フ	ム	ユ	ル	
u	ku	su	tsu	nu	hu	mu	yu	ru	
エ	ケ	セ	テ	ネ	ヘ	メ		レ	
e	ke	se	te	ne	he	me		re	
オ	コ	ソ	ト	ノ	ホ	モ	ヨ	ロ	ヲ	ン
o	ko	so	to	no	ho	mo	yo	ro	wo	N

1) 히라가나 청음 연습

あ	い	う	え	お
あ	い	う	え	お

か	き	く	け	こ
か	き	く	け	こ

さ	し	す	せ	そ
さ	し	す	せ	そ

た	ち	つ	て	と
た	ち	つ	て	と

な	に	ぬ	ね	の
な	に	ぬ	ね	の

は	ひ	ふ	へ	ほ
は	ひ	ふ	へ	ほ

ま	み	む	め	も
ま	み	む	め	も

や		ゆ		よ
や		ゆ		よ

ら	り	る	れ	ろ
ら	り	る	れ	ろ

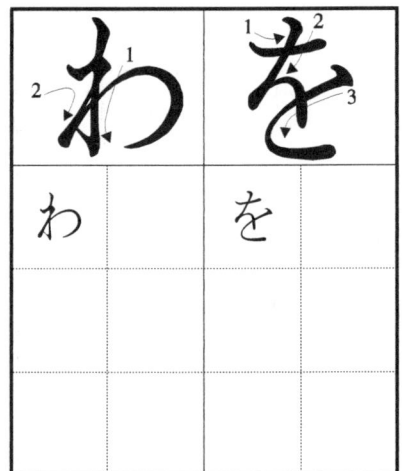
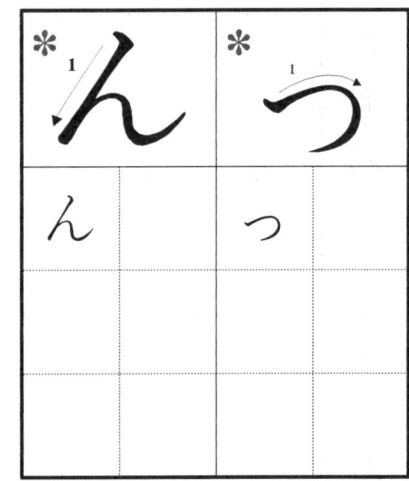

あ	あ								
い	い								
う	う								
え	え								
お	お								
か	か								
き	き								
く	く								
け	け								
こ	こ								
さ	さ								
し	し								
す	す								
せ	せ								
そ	そ								

た	た									
ち	ち									
つ	つ									
て	て									
と	と									
な	な									
に	に									
ぬ	ぬ									
ね	ね									
の	の									
は	は									
ひ	ひ									
ふ	ふ									
へ	へ									
ほ	ほ									
ま	ま									
み	み									
む	む									
め	め									
も	も									
ら	ら									
り	り									
る	る									
れ	れ									
ろ	ろ									

や	や								
ゆ	ゆ								
よ	よ								
わ	わ								
を	を								
ん	ん								

2) 히라가나 탁음, 반탁음 연습

が	ぎ	ぐ	げ	ご
が	ぎ	ぐ	げ	ご

ざ	じ	ず	ぜ	ぞ
ざ	じ	ず	ぜ	ぞ

だ	ぢ	づ	で	ど
だ	ぢ	づ	で	ど
ば	び	ぶ	べ	ぼ
ば	び	ぶ	べ	ぼ
ぱ	ぴ	ぷ	ぺ	ぽ
ぱ	ぴ	ぷ	ぺ	ぽ

3) 히라가나 요음 연습

きゃ	きゅ	きょ	しゃ	しゅ	しょ
きゃ	きゅ	きょ	しゃ	しゅ	しょ
ちゃ	ちゅ	ちょ	にゃ	にゅ	にょ
ちゃ	ちゅ	ちょ	にゃ	にゅ	にょ
ひゃ	ひゅ	ひょ	みゃ	みゅ	みょ
ひゃ	ひゅ	ひょ	みゃ	みゅ	みょ

りゃ	りゅ	りょ	ぎゃ	ぎゅ	ぎょ
りゃ	りゅ	りょ	ぎゃ	ぎゅ	ぎょ

じゃ	じゅ	じょ	ぢゃ	ぢゅ	ぢょ
じゃ	じゅ	じょ	ぢゃ	ぢゅ	ぢょ

びゃ	びゅ	びょ	ぴゃ	ぴゅ	ぴょ
びゃ	びゅ	びょ	ぴゃ	ぴゅ	ぴょ

1) 가타카나 청음 연습

ア	イ	ウ	エ	オ
ア	イ	ウ	エ	オ
カ	キ	ク	ケ	コ
カ	キ	ク	ケ	コ
サ	シ	ス	セ	ソ
サ	シ	ス	セ	ソ

タ	チ	ツ	テ	ト
タ	チ	ツ	テ	ト
ナ	ニ	ヌ	ネ	ノ
ナ	ニ	ヌ	ネ	ノ
ハ	ヒ	フ	ヘ	ホ
ハ	ヒ	フ	ヘ	ホ

マ	ミ	ム	メ	モ
マ	ミ	ム	メ	モ

ヤ		ユ		ヨ
ヤ		ユ		ヨ

ラ	リ	ル	レ	ロ
ラ	リ	ル	レ	ロ

2. 가타카나

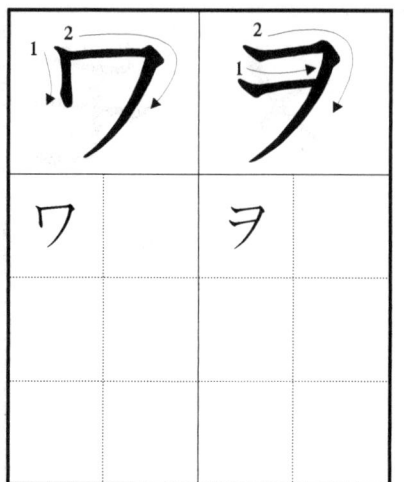
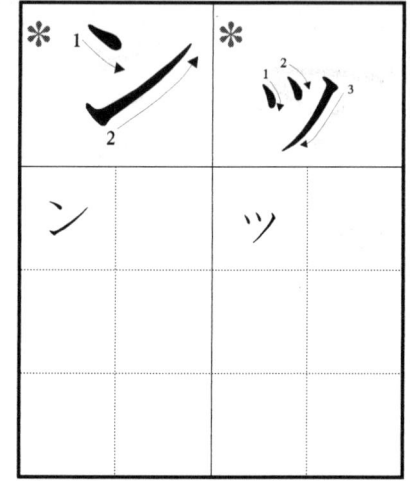

ア	ア									
イ	イ									
ウ	ウ									
エ	エ									
オ	オ									
カ	カ									
キ	キ									
ク	ク									
ケ	ケ									
コ	コ									
サ	サ									
シ	シ									
ス	ス									
セ	セ									
ソ	ソ									

タ	タ									
チ	チ									
ツ	ツ									
テ	テ									
ト	ト									
ナ	ナ									
ニ	ニ									
ヌ	ヌ									
ネ	ネ									
ノ	ノ									
ハ	ハ									
ヒ	ヒ									
フ	フ									
ヘ	ヘ									
ホ	ホ									
マ	マ									
ミ	ミ									
ム	ム									
メ	メ									
モ	モ									
ラ	ラ									
リ	リ									
ル	ル									
レ	レ									
ロ	ロ									

ヤ	ヤ								
ユ	ユ								
ヨ	ヨ								
ワ	ワ								
ヲ	ヲ								
ン	ン								

2) 가타카나 탁음, 반탁음 연습

ガ	ギ	グ	ゲ	ゴ
ガ	ギ	グ	ゲ	ゴ
ザ	ジ	ズ	ゼ	ゾ
ザ	ジ	ズ	ゼ	ゾ

16 부록-가나쓰기

ダ	ヂ	ヅ	デ	ド
ダ	ヂ	ヅ	デ	ド

バ	ビ	ブ	ベ	ボ
バ	ビ	ブ	ベ	ボ

パ	ピ	プ	ペ	ポ
パ	ピ	プ	ペ	ポ

3) 가타카나 요음 연습

キャ	キュ	キョ	シャ	シュ	ショ
キャ	キュ	キョ	シャ	シュ	ショ

チャ	チュ	チョ	ニャ	ニュ	ニョ
チャ	チュ	チョ	ニャ	ニュ	ニョ

ヒャ	ヒュ	ヒョ	ミャ	ミュ	ミョ
ヒャ	ヒュ	ヒョ	ミャ	ミュ	ミョ

リャ	リュ	リョ	ギャ	ギュ	ギョ
リャ	リュ	リョ	ギャ	ギュ	ギョ
ジャ	ジュ	ジョ	ヂャ	ヂュ	ヂョ
ジャ	ジュ	ジョ	ヂャ	ヂュ	ヂョ
ビャ	ビュ	ビョ	ピャ	ピュ	ピョ
ビャ	ビュ	ビョ	ピャ	ピュ	ピョ

2. 가타카나

단어연습

꽃	はな	はな	はな	はな
	はな	はな	はな	はな
국화	きく	きく	きく	きく
	きく	きく	きく	きく
장미	ばら	ばら	ばら	ばら
	ばら	ばら	ばら	ばら
벚꽃	さくら	さくら	さくら	さくら
	さくら	さくら	さくら	さくら
진달래	つつじ	つつじ	つつじ	つつじ
	つつじ	つつじ	つつじ	つつじ
개나리	れんぎょう	れんぎょう	れんぎょう	れんぎょう
	れんぎょう	れんぎょう	れんぎょう	れんぎょう

개	いぬ	いぬ	いぬ	いぬ
	いぬ	いぬ	いぬ	いぬ
고양이	ねこ	ねこ	ねこ	ねこ
	ねこ	ねこ	ねこ	ねこ
소	うし	うし	うし	うし
	うし	うし	うし	うし
말	うま	うま	うま	うま
	うま	うま	うま	うま
뱀	へび	へび	へび	へび
	へび	へび	へび	へび
새	とり	とり	とり	とり
	とり	とり	とり	とり

봄	はる	はる	はる	はる
	はる	はる	はる	はる
여름	なつ	なつ	なつ	なつ
	なつ	なつ	なつ	なつ
가을	あき	あき	あき	あき
	あき	あき	あき	あき
겨울	ふゆ	ふゆ	ふゆ	ふゆ
	ふゆ	ふゆ	ふゆ	ふゆ
아침	あさ	あさ	あさ	あさ
	あさ	あさ	あさ	あさ
밤	よる	よる	よる	よる
	よる	よる	よる	よる

사과	りんご	りんご	りんご	りんご
	りんご	りんご	りんご	りんご
딸기	いちご	いちご	いちご	いちご
	いちご	いちご	いちご	いちご
수박	すいか	すいか	すいか	すいか
	すいか	すいか	すいか	すいか
귤	みかん	みかん	みかん	みかん
	みかん	みかん	みかん	みかん
바나나	バナナ	バナナ	バナナ	バナナ
	バナナ	バナナ	バナナ	バナナ
메론	メロン	メロン	メロン	メロン
	メロン	メロン	メロン	メロン

바다	うみ	うみ	うみ	うみ
	うみ	うみ	うみ	うみ
산	やま	やま	やま	やま
	やま	やま	やま	やま
바람	かぜ	かぜ	かぜ	かぜ
	かぜ	かぜ	かぜ	かぜ
구름	くも	くも	くも	くも
	くも	くも	くも	くも
비	あめ	あめ	あめ	あめ
	あめ	あめ	あめ	あめ
눈	ゆき	ゆき	ゆき	ゆき
	ゆき	ゆき	ゆき	ゆき

의자	いす	いす	いす	いす
	いす	いす	いす	いす
책상	つくえ	つくえ	つくえ	つくえ
	つくえ	つくえ	つくえ	つくえ
사전	じしょ	じしょ	じしょ	じしょ
	じしょ	じしょ	じしょ	じしょ
잡지	ざっし	ざっし	ざっし	ざっし
	ざっし	ざっし	ざっし	ざっし
학교	がっこう	がっこう	がっこう	がっこう
	がっこう	がっこう	がっこう	がっこう
가방	かばん	かばん	かばん	かばん
	かばん	かばん	かばん	かばん

단어연습

밥	ごはん	ごはん	ごはん	ごはん
	ごはん	ごはん	ごはん	ごはん
빵	パン	パン	パン	パン
	パン	パン	パン	パン
치즈	チーズ	チーズ	チーズ	チーズ
	チーズ	チーズ	チーズ	チーズ
도너츠	ドーナツ	ドーナツ	ドーナツ	ドーナツ
	ドーナツ	ドーナツ	ドーナツ	ドーナツ
햄버거	ハンバーガー	ハンバーガー	ハンバーガー	ハンバーガー
	ハンバーガー	ハンバーガー	ハンバーガー	ハンバーガー
쵸콜릿	チョコレート	チョコレート	チョコレート	チョコレート
	チョコレート	チョコレート	チョコレート	チョコレート

버스	バス	バス	バス	バス
	バス	バス	バス	バス
택시	タクシー	タクシー	タクシー	タクシー
	タクシー	タクシー	タクシー	タクシー
자전거	じてんしゃ	じてんしゃ	じてんしゃ	じてんしゃ
	じてんしゃ	じてんしゃ	じてんしゃ	じてんしゃ
지하철	ちかてつ	ちかてつ	ちかてつ	ちかてつ
	ちかてつ	ちかてつ	ちかてつ	ちかてつ
배	ふね	ふね	ふね	ふね
	ふね	ふね	ふね	ふね
비행기	ひこうき	ひこうき	ひこうき	ひこうき
	ひこうき	ひこうき	ひこうき	ひこうき

백화점	デパート	デパート	デパート	デパート
	デパート	デパート	デパート	デパート
호텔	ホテル	ホテル	ホテル	ホテル
	ホテル	ホテル	ホテル	ホテル
텔레비전	テレビ	テレビ	テレビ	テレビ
	テレビ	テレビ	テレビ	テレビ
라디오	ラジオ	ラジオ	ラジオ	ラジオ
	ラジオ	ラジオ	ラジオ	ラジオ
컴퓨터	パソコン	パソコン	パソコン	パソコン
	パソコン	パソコン	パソコン	パソコン
프린터	プリンター	プリンター	プリンター	プリンター
	プリンター	プリンター	プリンター	プリンター

미국	アメリカ	アメリカ	アメリカ	アメリカ
	アメリカ	アメリカ	アメリカ	アメリカ
영국	イギリス	イギリス	イギリス	イギリス
	イギリス	イギリス	イギリス	イギリス
프랑스	フランス	フランス	フランス	フランス
	フランス	フランス	フランス	フランス
독일	ドイツ	ドイツ	ドイツ	ドイツ
	ドイツ	ドイツ	ドイツ	ドイツ
캐나다	カナダ	カナダ	カナダ	カナダ
	カナダ	カナダ	カナダ	カナダ
스페인	スペイン	スペイン	スペイン	スペイン
	スペイン	スペイン	スペイン	スペイン

손수건	ハンカチ	ハンカチ	ハンカチ	ハンカチ
	ハンカチ	ハンカチ	ハンカチ	ハンカチ
넥타이	ネクタイ	ネクタイ	ネクタイ	ネクタイ
	ネクタイ	ネクタイ	ネクタイ	ネクタイ
스커트	スカート	スカート	スカート	スカート
	スカート	スカート	スカート	スカート
바지	ズボン	ズボン	ズボン	ズボン
	ズボン	ズボン	ズボン	ズボン
신발	シューズ	シューズ	シューズ	シューズ
	シューズ	シューズ	シューズ	シューズ
샌달	サンダル	サンダル	サンダル	サンダル
	サンダル	サンダル	サンダル	サンダル

はじめまして	처음 뵙겠습니다
はじめまして	はじめまして

こんにちは	안녕하세요?
こんにちは	こんにちは

さようなら	안녕히 가세요
さようなら	さようなら

すみません	미안합니다
すみません	すみません

ありがとうございます	감사합니다
ありがとうございます	ありがとうございます

どういたしまして	천만에요
どういたしまして	どういたしまして

おやすみなさい	안녕히 주무세요
おやすみなさい	おやすみなさい

おねがいします	부탁합니다
おねがいします	おねがいします